北京市信访矛盾分析研究中心
Beijing Institute of Letters to Government

信访与社会矛盾问题研究

【2021年第4辑】（理论版）

北京市信访矛盾分析研究中心　编

Research on Public Complaints and Social Contradictions & Problems

中国民主法制出版社

图书在版编目（CIP）数据

信访与社会矛盾问题研究. 2021年. 第4辑 / 北京市信访矛盾分析研究中心编. —北京：中国民主法制出版社，2021.8

ISBN 978-7-5162-2657-5

Ⅰ. ①信… Ⅱ. ①北… Ⅲ. ①信访工作—研究—中国 Ⅳ. ① D632.8

中国版本图书馆 CIP 数据核字（2021）第 140288 号

图书出品人／刘海涛
出 版 统 筹／乔先彪
责 任 编 辑／庞贺鑫
特 邀 编 辑／郭晓燕　敖　曼

书名／信访与社会矛盾问题研究·2021年第4辑（理论版）
作者／北京市信访矛盾分析研究中心　编

出版·发行／中国民主法制出版社
地址／北京市丰台区右安门外玉林里7号（100069）
电话／（010）63055259（总编室）　63058068　63057714（营销中心）
传真／（010）63055259
Http: //www.npcpub.com
E-mail: mzfz@npcpub.com
经销／新华书店
开本／16开　787毫米×1092毫米
印张／10.25
字数／140千字
版本／2021年8月第1版　2021年8月第1次印刷
印刷／天津中印联印务有限公司

书号／ISBN 978-7-5162-2657-5
定价／50.00元

《信访与社会矛盾问题研究》编辑出版委员会

信访与社会治理创新研究

加强和创新社会治理，是完善和发展中国特色社会主义制度、推进国家治理体系和治理能力现代化的重要内容。对此，党的十九届四中全会通过的《中共中央关于坚持和完善中国特色社会主义制度、推进国家治理体系和治理能力现代化若干重大问题的决定》中特别强调，“社会治理是国家治理的重要方面。必须加强和创新社会治理，完善党委领导、政府负责、民主协商、社会协同、公众参与、法治保障、科技支撑的社会治理体系，建设人人有责、人人尽责、人人享有的社会治理共同体，确保人民安居乐业、社会安定有序，建设更高水平的平安中国”。党的十九届五中全会指出，“十四五”期间，要努力实现社会治理特别是基层治理水平明显提高，这个目标是新时代新发展阶段我国社会治理的科学指引，也是党中央总揽全局作出的重要部署。

加强和创新社会治理具有时代意义，社会治理是一项系统性工程，必须找准着力点和切入点。在这方面，信访工作具有“先天优势”。加强和创新社会治理的核心思想和精神实质是以人民为中心，而信访制度是我们党发扬人民民主、接受群众监督、维护群众权益、巩固执政基础的重要政治制度，对实现好、维护好、发展好人民群众民主政治权利具有重要作用。

本期重点围绕“信访与社会治理创新”这一主题展开探讨，加强和创新社会治理，要突出“共建共治共享”，在党委、政府的领导下，让社会组织、企业和公民等多元主体参与到社会治理之中，各自发挥相应的作用。

信访渠道作为公民参与民主政治的有效形式，不仅是党委、政府与群众沟通的桥梁，在统筹协调有关部门资源力量，推动职能部门各负其责、齐抓共管方面也具有工作优势，对构建“共建共治共享”的社会治理格局具有极大促进作用。因此，加强和创新社会治理，必须抓好信访这个关键环节。

信访工作中引入社会组织等第三方力量是进行社会治理创新的重要选项。“理论视野”栏目《论社会工作专业视角下新时代信访工作治理创新》一文从社会工作专业的视角入手，指出社会工作的专业优势使其参与介入信访工作治理创新具有很强的可行性，并在此基础上探索了社会工作介入信访工作的基本模式、路径，文章还进一步探讨了社会工作介入信访工作治理创新的服务质量评价机制。另一篇《当代中国基层社会冲突的治理转型研究》一文则从各级政府应对社会冲突治理的视角，强调改变被动的“维稳”思路，在制度建设和政策供给方面对社会成员的利益诉求进行回应，这种转变不仅有助于缓和社会矛盾，维护社会稳定，对于促进提升我国政府公共决策的社会效果也具有重要意义。

涉法涉诉信访是当事人利用信访渠道表达法律诉求的活动，在解决群众反映强烈问题和维护社会稳定方面发挥着积极作用。但是随着社会民主法治的进步和公民法治意识的增强，涉法涉诉信访工作也暴露出一些新的亟须解决的问题。“信访观察”栏目《新时代基层检察机关信访工作研究——以B市D区检察院为参照》以及“探索与思考”栏目《关于涉诉信访法治化治理的路径思考——以浙江省H市两级法院涉诉信访情况为样本》、《法院网络舆情的构成要素、主要类型与应对策略》和《和谐警民关系视角下公安信访的挑战及对策》这四篇文章，从公安、检察院、法院信访工作的角度，结合实际案例，探索涉法涉诉信访法治化治理的路径，并逐步实现涉法涉诉信访治理机制的不断优化。

信访终结是信访事项依法治理的重要环节，在推进信访工作法治化、规范化，净化信访生态等方面具有重要作用。“社会调查与案例分析”栏目《善治视角下的信访终结机制研究——以浙江省信访终结机制为例》一文基于善治视角，结合学术界和实务界专家学者的研究成果，对浙江省H市信访终结工作开展情况作研究分析，探讨其存在的问题和成因，提出相应对策建议，力求完善信访终结机制，保障公民信访权。“信访观察”栏目《让群众“最多访一次”的蚌埠实践与探索》一文从蚌埠市信访工作实践出发，提出一些具有蚌埠特色的应对之策，努力实现让群众“最多访一次”取得实效。

属地管理原则是信访工作的重要原则。“信访观察”栏目《我国信访属地管辖权的理论探析与制度重构》一文，探析了信访属地管辖权，阐释了目前我国信访属地管辖权存在的问题，并提出我国信访属地管辖权制度重构的相关建议。

本刊编辑部

2021 年 8 月

目录
CONTENTS

专家视点

——谢立中 “社会建设”的含义与内容辨析

“社会建设”的含义与内容辨析*

□谢立中**

摘要：对于“社会”这个概念，社会学文献中至少存在三种不同的用法：与“国家”相对应的“社会”概念（相对独立于“国家”行政系统之外的那部分人类交往领域），与“共同体”相对应的“社会”概念（一种与“共同体”完全不同的人类群体类型），与“个人”相对应的“社会”概念（泛指人类个体以特定形式形成的各种群体或结合体）。所谓“社会建设”，就是要对第三种含义上的“社会”当中今天依然存在并发挥着积极作用的那些结合体本身（家庭、家族、宗族、村庄、社群、社会网、各种正式组织、社会团体、国家等）进行“建设”。它一般包括了四个方面的主要内容。而具体到现代社会建设，其主要内容是优化人口品质、完善保障机制、推进自由平等、理顺社会流动。

关键词：社会　社会建设　现代社会

所谓“社会建设”，顾名思义，就是要对“社会”这样一种对象进行建设。但是，什么是作为我们建设对象的“社会”呢？“社会建设”又到底包括哪些任务呢？对于这些问题，学术和政府各界都有许多不同的回答。本文就这些问题简单地谈谈自己的看法。

---

* 本文系北京大学和深圳市统计局合作研究项目“国内外社会建设理论与实践”课题成果之一。原文刊载于《北京大学学报（哲学社会科学版）》，2015年第2期。

** 谢立中，北京大学社会学系教授。

一、什么是“社会”?

许多学者认为我们可以从外延的角度将“社会”概念划分为大社会、中社会和小社会三个子概念:(1)大社会的概念。这是与自然界相对应的社会概念。它把自然界之外的人类活动领域都称作社会领域。它从内容上包括经济、政治、文化和狭义的社会,从范围上等同于国家整体。学者们认为,马克思的“社会有机体”观点、毛泽东在《新民主主义论》中提出的以新政治、新经济和新文化为内容的“新社会和新国家”、社会主义和谐社会中的“社会”,都是大社会的概念。(2)中社会的概念。这是和经济相对应的社会概念。它把经济发展之外的领域称作社会发展领域。学者们认为,我们所指的经济与社会的协调发展中的社会概念、我国制定的“国民经济与社会发展计划”中的“社会”概念,就是“中社会”意义上的概念。(3)小社会的概念。这是与经济、政治、文化相对应的社会概念。它作为整个“社会”大系统中的子系统,不仅区别于经济,也区别于政治和文化领域;不仅区别于个人,也区别于国家。我们经常讲的与市场、国家相对应的社会,马克思提出的“物质生活的生产方式制约着整个社会生活、政治生活和精神生活”,就是这种狭义的社会概念。而根据“社会”的不同界定,社会建设就会有不同的内容与内涵。广义的社会建设,是包括经济建设、政治建设、文化建设和狭义社会建设在内的整个社会大系统的建设;中义的社会建设,就是经济建设以外的各项社会事业的发展;狭义的社会建设,是指与政治、经济、文化等相并列的社会子系统的建设。当今党和政府提出的社会建设主要是指狭义的社会建设(宋贵伦,2013;张俊桥、赵伟,2013;杨晓梅,2012)。

我们认为,无论是把“社会建设”中的“社会”一词理解为上述三种大、中、小“社会”概念中的任何一种可能都是不准确的。对此,我们具体说明如下。

浏览一下社会学文献,我们就会发现,对于“社会”这个概念,人们至少有以下这样一些不同的用法:

1. 作为一个与“国家”相对应的概念,特指一个相对独立于“国家”

行政系统之外的那部分人类交往领域。如今天人们观察和分析社会现象时常常采用的“国家—社会”这一研究框架中所说的“社会”，就是这样一种意义上的“社会”概念。这种用法的要点是：“国家”和“社会”被视为两个相对独立的交往领域，“国家”是由“国家”或“政府”通过行政权力来加以协调和构成的那部分交往领域，“社会”则是由个体成员通过相互之间的自主交往来协调和构成的那部分交往领域。“国家”不包括“社会”，“社会”也不包括“国家”。这个含义上的“社会”概念，也常常被人称为“市民社会”（或“公民社会”）。

这一概念有一些不同的变种。假如我们把“国家”大致等同于“政治”领域的话，那么我们就可以在相关文献中发现至少三种有所不同的“市民社会”概念：A. 作为一个与“国家”或“政治”领域相对应的概念，特指一个相对独立于“家庭”和“国家”（或“政治”）领域的人类自主交往领域。此即上面所述这种“市民社会”概念。我们可以将这一含义上的“市民社会”称为“市民社会 A”。这一“市民社会”概念主要来自于黑格尔等人（黑格尔，1961）。B. 作为一个与“政治”“经济”相对应的概念，特指一个相对独立于“政治”领域和“经济”领域的人类活动领域。与上述“社会”概念一样，这个含义上的“社会”概念也常常被称为“市民社会”。只不过此“市民社会”和上述“市民社会”概念相比，其外延要更窄一些——上述“市民社会 A”虽不包括“政治”领域，但却包括了“经济”（或“市场”）领域（即人们之间通过市场交换这种自主交往机制来加以协调和构成的交往领域）；后一个则既不包括“政治”领域，也不包括“经济”领域，而只包括人们之间通过自主平等的沟通机制来加以协调和构成的那部分交往领域。科恩和阿雷托等人以哈贝马斯的沟通行动理论为基础而建构的新“市民社会”概念就是指这一含义上的“市民社会”（黑格尔，1961）。我们可以将这一含义上的“市民社会”称为“市民社会 B”。C. 作为一个与“政治”“经济”“文化”相对应的概念，特指一个相对独立于“政治”“经济”“文化”领域的人类活动领域。无疑，这一含义上的“市民社会”概念在外延上比“市民社会 B”又窄了一些——又有一个领域，即“文化”领域（纯粹由符号系统所构成的领域）从“市民社会”的概念中被分离了出来。我们可以将这一含义上的“市民社会”称为“市民社会C”。

2. 作为一个与“共同体”相对应的概念，特指一种与“共同体”完全不同的人类群体类型。这种用法的流行，在很大程度上要归功于滕尼斯的《共同体与社会》一书。按照这一概念，人类的结合可以大致划分为两种类型，一种是以所谓“本质意志”（一种由身体状况所决定的，与从祖先继承下来的经验、思维和行为方式相统一的意志）为基础而形成的结合，其具体形态包括家庭、家族、村落、社团和古代的小城镇；另一种则是以所谓“选择意志”（一种摆脱了上述由身体状况所决定的，从祖先那里先天继承来的经验、思维和行为方式，旨在通过特定手段的选择来实现人们理性构想出来的某种目的的意志）为基础而形成的结合，其具体形态包括现代工业大都市、国家和世界国家。前者被滕尼斯称为“共同体”，后者则被滕尼斯称为“社会”。按照滕尼斯的理解，在人类的发展史上，社会的类型晚于共同体的类型；因此，共同体是古老的，社会是新的（滕尼斯，1999）。

3. 作为一个与“个人”相对应的概念，泛指人类个体以特定形式形成的各种群体或结合体，如氏族、部落、家庭、家族、村落、社区、关系网、企业、军队、社团、学校、政府、国家、跨国组织、国家联盟等。在社会学文献中，多数作者，包括马克思、涂尔干、齐美尔、韦伯、帕森斯等这些最有影响的社会学大师在内，大体上都是在上述第三种意义上来使用“社会”这一概念的。在现代社会学诞生以前，西方思想史上的许多著名思想家，如亚里士多德、洛克、卢梭等，也都大体是在这种意义上来使用“社会”这一概念的。按照这种用法，不仅被滕尼斯称为“社会”的那些人类结合（如企业、军队、社团、学校、政府、国家、跨国组织、国家联盟等）可以称为“社会”，而且被他称为“共同体”的那些人类结合（如氏族、部落、家庭、家族、关系网、村落、社区、其他一些初级群体等）也可以被称为“社会”；不仅国家以外的那些人类结合形式可以被称为“社会”，“国家”也可以被称为“社会”（在洛克那里，“国家”被称为“政治社会”，以与家庭之类的“自然社会”相对应），属于“社会”的一种特殊形式。我们通常所谓的“中国社会”“美国社会”“俄罗斯社会”“法国社会”等就都是以民族—国家为形式的“社会”。

上述对于“社会”的三种用法实际上代表了界定“社会”的三种不同角度。第一种是从人们交往的（一种隐喻上的）空间“领域”来界定“社会”，第二种是从时间变迁中先后形成的人际结合类型方面来界定“社会”，第三种则是从人们的结合形式本身来界定“社会”。

那么，我们今天提到“社会建设”一词时，所讲的“社会”到底应该是上述哪一种意义上的“社会”呢？

二、作为社会建设对象的“社会”

将“社会建设”一语中的“社会”一词理解为上述第一种含义上的“社会”，将“社会建设”等同于“市民社会”或“公民社会”的建设，是国内不少学者的看法。我个人认为，这种看法过于偏狭。“社会建设”不能等同于“市民社会”或“公民社会”的建设。我们今天所说的“社会建设”包括了“市民 / 公民社会”的建设，但绝不限于“市民 / 公民社会”的建设，后者充其量只是前者的一部分内容。理由很简单：“市民社会 / 公民社会”的建设虽然有助于我们所说的“社会建设”，但并不能解决我们用“社会建设”一词时想要解决的所有那些相关问题（如各种被称为“社会事业”的那些项目的建设）。

同样，我们也不能将“社会建设”中的“社会”理解为是滕尼斯意义上的那种“社会”。理由也很简单：我们在今天要建设的“社会”也不仅仅限于滕尼斯所说的“社会”意义上的“社会”，而且也包括了那些“共同体”意义上的“社会”。

我认为，我们今天在讲“社会建设”时所说的“社会”，应该是指上述第三种意义上的“社会”，即从人们的结合形式本身来界定的“社会”，包括家庭、家族、宗族、村庄、社区、社群、社会网、各种正式组织、国家及国际组织等。按照对“社会”一词的这种理解，所谓“社会建设”，就是要对上述我们人类生存和发展活动赖以进行的各种结合体当中今天依然存在并发挥着积极作用的那些结合体本身（家庭、家族、宗族、村庄、社群、社会网、各种正式组织、社会团体、国家等）进行“建设”。无疑，和经济建设等活动一样，这样一种“建设”对我们人类具有不言而喻的现实意义：正如亚里士多德早就说过的那样，我们人类是一种合群的动物。或者说，是一种社会性很强的动物。作为一种高度社会性的动物，人类必须结合起来，以各种不同的群体结合为形式，才能够进行人类作为一种特殊的“类”生存和发展所必需的各种活动，如经济活动（获取人类生存和发展所必需的各类物质资源并在人群中适当地进行分配）、生育活动（生育和抚养后代以保证人类的繁衍）、政治活动（确定共同的行动目标并对实行目标的过程加以协调）、文化活动等。一旦作为我们人类各种生存和发展活动正常进行之前提的“社会”结合本身出现了问题，那么必须借助于它才能够进行的所有那些活动本身自然也就无法正常展开，我们人类的生存和发展本身也就会遭受威胁。因此，为了使我们人类的各项生存和发展活动得以正常进行，我们必须首先保证作为这些活动正常展开之前提的“社会”其本身能够得以正常存在（形式得以正常建立、结构得以正常构成、秩序得以正常维持、功能得以正常发挥等）。这样一种以建构、维护和完善我们人类的各种“社会”结合体本身为直接目的的工作，是其他任何一种工作都不能也无法代替的，这种工作就是“社会建设”。缺少了这样一种工作，或者这样一种工作没有做好，作为我们人类一切生存和发展活动之前提的“社会”本身就会发生问题，或陷入危机，从而影响其他活动的正常展开，影响到我们人类的生存和发展。这就是我们在进行经济建设、政治建设和文化建设等工作之外，还有必要专门去进行一项被称作“社会建设”的工作或活动的主要原因。从这个意义上讲，“社会建设”和经济建设、政治建设、文化建设一样，也是一项专门活动。

我认为，只有对“社会”一词的含义作这样的理解，我们才能对包括官方文件在内的当前我国有关社会建设的各种文献之中所述“社会建设”的内容，作出相对而言最符合逻辑的解释。

在党的十八届三中全会通过的《中共中央关于全面深化改革若干重大

问题的决定》中，在讲到“推进社会事业改革创新”时，把“深化教育领域综合改革”“健全促进就业创业体制机制”“形成合理有序的收入分配格局”“建立更加公平可持续的社会保障制度”“深化医药卫生体制改革”，作为“社会事业”改革创新的主要内容。只不过在这个文件中，可能是为了表示重视，社会管理创新方面的内容被专辟一节加以论述，并在很多场合下用“社会治理”一词代替了“社会管理”一词。

在阅读这些段落时，我们遇到的一个需要解释的问题是：为什么我们要把教育、医疗、就业创业、社会保障体制等方面的建设称为“社会建设”？我们能够说，之所以把这些方面的建设称为“社会建设”，是因为这些方面的内容既不属于政治建设，也不属于经济建设，而属于“市民 / 公民社会”的建设吗？显然不能：它们显然不是我们通常所讲的“市民 / 公民社会”建设的那些内容。它们可以是国立的机构，因而是附属于国家的（因而按照上述“市民社会 A”的概念，它们不属于“市民 / 公民社会”范畴）；也可以是私立并以营利为目的，因而是附属于资本的（因而按照上述“市民社会 B”和“市民社会 C”的概念，也不属于“市民 / 公民社会”范畴）。或者，我们能够说，之所以把这些方面的建设称为“社会建设”，是因为这些方面的内容属于滕尼斯意义上的“社会”建设吗？显然也不能：正如没有什么理由让我们只把那些不以营利为目的，纯属公益性质的教育、医疗、就业服务、社会保障机构的建设称为“社会建设”一样，也没有什么理由让我们只把那些带有明确功利目的教育、医疗、就业促进和社会保障机构（如以盈利为目的的养老院、商业保险机构等）的建设当作“社会事业”，而把那些带有公益（共同体）性质的同类机构的建设排除在外。实际上，我们之所以能够把这些方面的内容称为“社会建设”，主要因为这些方面的“事业”直接涉及的是包括家庭、家族、村落、社区、关系网、企业、军队、社团、学校、政府、国家等各种形式的“社会”是否能够正常存在和运行。如果不是这样来理解，我们就很难解释为什么要把教育、医疗、就业创业、社会保障体制等方面的建设称为“社会建设”这一问题。因此，要想能够很好地理解和解释我国官方文件里所讲的“社会建设”，就只能对其中的“社会”一词作上述第三种含义上的理解。

当然，以上所述“社会建设”的含义属于一般意义上的。除了这种一般意义上的含义之外，不同时代的“社会建设”也会有自己独特的含义。我们在今天的中国大地上要进行的“社会建设”，和在古代中国（如孔子生活的时代）要进行的“社会建设”，在内容和原则上肯定不会是完全相同的。我们今天要建设的“社会”，是一个“现代”意义上的“社会”，而非一个一般意义上的“社会”。

三、“社会建设”包括哪些内容?

假如我们上述关于“社会建设”的理解是可以被接受的，那么，我们就可以进一步对“社会建设”的主要内容作出概括性的分析和讨论。

任一形式的“社会”一旦建立起来，若要正常存在，必须满足的基本条件就是：

首先，存在着一定数量、质量和结构比例的人口。既然是人类“社会”，那么它首先就是由一定数量的人类个体所组成的，一定数量人口的存在就是题中应有之义。除了数量方面的要求外，这些人口在基本素质（生理素质、心理素质、能力素质等）方面也必须达到一定的要求。而且，不言而喻，这些人口在自然属性方面的一些基本比例（如性别、年龄结构比）也必须符合一定的要求。否则，这个“社会”也很难正常运行和延续。

其次，这些人口的基本生存条件能够得到保障。这里有两点需要说明：（1）即使不是所有既存人口，也必须是所有既存人口中为维持该社会的正常存在所需要养活的那部分人口的基本生存条件都能够得到保障；（2）必须得到保障的只是这些人口在特定历史条件下为维持生存所需加以满足的那些基本条件，而非所有物质或精神生活方面的需求。

再次，这些人口能够和谐、平安地共处一处，合作共存。除了一定数量、质量和结构比例的人口能够形成并能够获得基本的生存保障之外，一个“社会”的成员之间能否和谐、平安地共处一处，合作共存，也是其能够正常存在和运作的一个基本前提。假如一定数量和质量的人口及其正常生存都能够维持，但相互之间却不能够和平共处、合作共事，那么这些人也不可能正常地结合成为一个能够有序运行的和谐“社会”。只有当一定数量和质量的人类个体既能够维持自己的正常生存，又能够和平共处、合作共事时，这些人才可能结合成为一个能够有序运行的和谐“社会”，一个“社会”才能够正常存在和运行而不致陷于瓦解。

最后，这些人口得以按照特定的结构和形式被组织起来，并且，将这些人口组织起来成为一个具体“社会”的那些结构和形式能够得到持续地再生产，以使该社会按照其特定的结构和形式得以正常存在所必须被履行的那些职能活动能够得到持续而又充分的履行。

任何一个社会，都必须通过一系列的有效措施来维持上述第一个条件。具体而言，这包括以下主要任务：

第一，采取一定的措施来确保该社会的人口数量始终维持在一个合理的水平上。也即是要通过对该社会成员内部生育率和死亡率的调控，以及社会内外人口之间引入 / 输出比例的调控，来确保该社会成员的数量始终能够维持在一个必要的 / 合理的水平之上，不至于由于代际更替方面的原因或者人口引进 / 输出比方面的问题，导致该社会的成员数量跌出或超出合理的范围，从而引发人口不足或人口过剩的危机。

第二，采取一定的措施来确保该社会的人口质量，始终维持在一个合理的水平上。包括：（1）确保该社会成员的生理素质（体力、智力素质）始终维持在一个必要的水平上；（2）确保该社会成员的文化素质（受教育程度、道德修养程度等）始终维持在一个必要的水平上。

第三，采取一定的措施来确保该社会的人口内部各自然成分（男女两性、不同年龄）之间的比例，始终维持在一个合理的状态上。包括：（1）确保男女两性之间的比例维持在一个相对合理的水平之上，使两性之间的比例不至于过度失衡；（2）确保不同年龄社会成员之间的比例维持在一个相对合理的水平之上，使不同年龄之间的比例不至于过度失衡。

同样，任何一个社会也都必须通过一系列的有效措施来维持上述第二个条件。也即是要通过不同的方式来使该社会内部成员（所有既存成员，或者为维持该社会正常存在所必须养活的那些成员——到底是哪些成员，一般是由该社会的全体成员 / 多数成员 / 统治群体根据特定历史条件和风俗习惯加以确定）的基本生存条件能够得到保障。具体而言，这又包括以下主要任务：首先，确保该社会内部成员在衣食住行方面的基本物质生活条件能够得到必要的保障。其次，确保该社会内部成员在生存技能和知识获得方面的基本需求能够得到必要的保障。再次，确保该社会内部成员在维护身体健康方面的基本需求能够得到必要的保障。最后，确保该社会内部成员在子女生育和抚养方面的基本需要能够得到必要的保障，等等。

任何一个社会也都必须通过一系列的有效措施来维持上述第三个条件。具体而言，这又包括以下主要任务：

第一，制定或形成一套比较完善的、能够对本社会内部成员的行为及相互关系进行有效调节的行为规范（具体表现为一套细致、明确的规章制度）。包括:（1）制定一套比较完善的、能够对本社会内部成员及相互关系进行有效调节的法制规范。这里所谓的“法制”规范，泛指一切最终需要借助成员主观意识之外的制度化强力来加以保证的行为规范。既包括由立法机构制定和颁布的法律条文，也包括由行政管理机构（政府及其下属部门、企业、事业机构、军队、政党以及家庭、家族、行会、会社等各种社会团体的行政管理部门）制定和颁布的各种规章制度等。（2）制定一套比较完善的、能够对本社会内部成员及相互关系进行有效调节的道德规范。所谓道德规范，指的是一切最终主要借助于社会成员的内心信念和所在群体的舆论压力来加以保证的行为规范。这套规范也包括了各个不同的层次和方面，如通行或适用于全社会的一般性道德规范，通行或适用于不同行业或群体的特殊性道德规范等。

第二，建立一套机构和机制来确保上述行为规范能够得到社会成员的自觉遵守和切实执行（社会化的机构和机制）。无论是法制规范还是道德规范，都可以通过两种方式来实施。一是通过社会成员的自觉遵守、自觉践行来加以实施，二是通过制度化的外部强制的方式来实施。任何一个社会首先都应该考虑前一种方式，因为相对后一种方式而言，前一种方式具有低成本、高效益的优点。而要做到这一点，就必须创设一套机制将需要社会成员遵守和践行的行为规范及其作为这些行为规范之理论基础的世界观、价值观内化到社会成员的主观意识中去，使其成为每个社会成员主观意识的一部分，由此来使每个社会成员的日常行为和社会规范相一致，乃至达到孔子所谓“从心所欲不逾矩”的境界。这种将社会规范及相关知识内化到社会成员主观意识中去的过程，就是我们通常所说的“社会化”。

社会化需要通过一系列机构来实施。虽然学校一类的教育机构可以视为专门从事社会化活动的机构，但理论上讲，所有的社会机构，包括家庭、朋友群体、学校、工作场所、娱乐场所、社会团体等都具有社会化的功能。这些不同的机构以各自不同的方式在承担着对其成员进行社会化的功能。但一个重要问题是：如何将这些不同的机构联结起来，形成一套在功能上可以相互依赖（而非相互独立）、相互促进（而非相互冲突和排斥）的社会化机制？解决这个问题不能不是社会建设的主要任务，否则一个和谐有序的“社会”就无从谈起。

第三，建立一套机构和机制来确保偏离上述规章制度的行为能够得到及时有效的矫正（社会控制的机构和机制）。这是对社会化机制的一种补充。从理论上讲，假如一个社会能够按照一种统一的规范对其所有成员实施百分百的社会化，那么这个社会无疑将是一个高度和谐和高度有序的社会。然而，这事实上是不可能的。之所以不可能，是因为任何社会都不可能使其所有成员都百分百地将所有社会规范及其相关知识都毫无遗漏地内化到自己的主观意识中去；或者在将社会规范及其相关知识内化到自己主观意识中去的过程中对这些规范及其知识的内涵作出与所有其他社会成员完全一致的理解。因此，在任何一个社会的运行过程中，总会有偏离社会规范的行为出现（或者是因为没有真正接受某一种社会规范，或者是因为对某一种社会规范作了与众不同的理解）。这样，为了确保所有社会成员的行为尽可能地符合社会规范，一个社会就必须还有一套机制来对社会化机制加以补充，使得某个或某些社会成员的行为偏离了公认的规范之后，社会本身有一种强制性的力量来对这些成员的行为进行矫正，使之逐渐与社会公认的规范相符合。

最后，任何一个社会也都必须通过一系列的有效措施来维持上述第四个条件。具体而言，这又包括以下主要任务：

第一，将社会成员按照某种特定的结构和形式组织起来。任何一个社会的成员都是从两个维度被结合起来，一是水平维度，二是垂直维度。所谓"水平维度"，就是以特定的方式将社会成员从横向上连接起来，被连接起来的社会成员虽可能有责任和义务即社会职能方面的差别，但在权利和利益或者说社会地位方面没有差别。所谓"垂直维度"，就是以特定方式将社会成员从纵向上连接起来，被连接起来的社会成员既有责任和义务方面的差别，也有权利和利益方面的差别。前者可以称为一个社会的职能结构，后者可以称为社会的分层结构。

第二，设计一套制度化的机制来使该社会的结构和形式得到确定和再生产。从理论上说，有两种基本的再生产社会结构的机制，一种是封闭式机制，另一种是开放式机制。在前一种机制中，社会结构中不同职能和不同阶层之间是相对封闭的，不同职能、不同阶层的成员只能在内部流动（主要是在本阶层的代际之间流动），各职业和各阶层之间缺乏流动或流动率很低。在后一种机制中情况则相反：社会结构中不同职能和不同阶层之间是相对开放的，每个社会成员都可以根据自己的意愿和努力改变自己的职业岗位和阶层地位，各职业和各阶层之间的流动率相对较高。当然，这两种社会结构的再生产机制内部又可以有更细致的类型划分。每一个社会都将根据自己内部社会成员的集体意识来形成相应的社会结构再生产机制。

上述社会建设四个方面的任务也可以归纳概括为两个大的方面：上述第一和第二两个方面的任务可以归纳概括为社会成员身体及其生存条件的建设，第三和第四两个方面的任务可以归纳概括为社会成员关系及其结构的建设。如果我们愿意把前一个方面的任务称为"民生"，那么我们也可以把后一个方面的任务称为"民和"。"民生"和"民和"，就是"社会建设"的两翼。对于任何一个社会来说，只有顺利完成了上述任务，这个社会才能长治久安、稳定繁荣。

自然，以上说的也是适用于任何形态“社会建设”的任务。具体到现代社会的社会建设，其内容应该具有以下特点：

1. 需要生产和维持的是一批不仅在数量上而且在质量和结构上都符合现代（工业或后工业）社会的功能需要、具有现代科学技术知识、文化素质和道德品质的人口。

2. 需要按照现代（工业或后工业）社会的需要与特点来设计和提供相应的社会保障项目；在前现代社会，经济社会活动的规模小、相互影响程度低，除了难得一遇的大规模自然灾害之外，人为风险所涉及的人员也比较少，生存、教育、养老等基本需求的保障任务可以由家庭、家族、宗教等社会团体来承担。而在现代社会中，经济社会活动规模大，相互影响程度高，各种风险不仅涉及的人数很多，而且其形成和消解机制往往都超出了个人和小型社会群体所能够把握的范围，生存、教育、养老等基本需求的保障任务不再容易单独由家庭、家族、宗教等小型社会团体来承担，必须要由能力更为强大的社会力量来承担。

3. 需要在社会成员之间形成的不仅仅是一种社会成员之间和睦共处的社会关系，而且也是一种在法律上赋予每个成员都具有平等的人身自由和生存机会的社会关系。前现代社会里奴隶主和奴隶之间、封建主和依附农之间、手工业中师傅和徒弟之间在多数情况下也是和睦共处的关系，但他们之间的关系却不是具有平等的人身自由和生存机会的个体之间的关系，而是具有不平等的人身自由和生存机会的个体之间的关系。自由、平等的个体之间的关系只是现代社会的特征。现代社会里设计用来协调人际关系的所有社会规范和机制，都应该体现出现代社会关系的这样一个特点。

4. 需要形成和维持的是一种符合现代（工业或后工业）社会的需要及特点（而非一般社会的需要及特点）的社会结构。和前现代社会相比，现代社会结构的特点是：（1）在现代社会里，人们的社会地位主要不再是像传统社会里那样由先赋性的因素（出身门第）来加以确定，而是根据每个人自己后天的努力和成就来加以确定；（2）在现代社会里，社会成员不再是被禁锢在自己生来所属的那个地理区域和社会空间当中，而是可以按照自己的意愿和努力在不同的地区、不同的行业和不同的地位阶层之间流动。

我们也可以将现代社会建设的内容和特点简要概括为：优化人口品质、完善保障机制、推进自由平等、理顺社会流动。

毫无疑问，我们今天要建设的“社会”，就是一种具有上述基本特征的“现代社会”。我们要进行的“社会建设”，不是一般意义上的“社会建设”，而是一种现代意义上的“社会建设”，即“现代社会建设”。用陆学艺教授的话来说，就是要实现“社会”的现代化（陆学艺，2013）。

参考文献：

（德）黑格尔，1961，《法哲学原理》，范扬、张企泰译，商务印书馆。

陆学艺主编，2013，《当代中国社会建设》，社会科学文献出版社。

宋贵伦主编，2013，《北京社会建设概论》，中国人民大学出版社。

（德）滕尼斯，1999，《共同体与社会——纯粹社会学的基本概念》，林荣远译，商务印书馆。

杨晓梅，2012，《当代中国社会建设研究》，人民出版社。

张俊桥、赵伟，2013，《新时期社会建设的理论与实践综述——学习领会中共十八大精神》，《河北师范大学学报（哲学社会科学版）》第3期。

理论视野

游清富　论社会工作专业视角下新时代信访工作治理创新

马　原　当代中国基层社会冲突的治理转型研究

论社会工作专业视角下新时代信访工作治理创新

□ 游清富*

摘要： 中国特色社会主义进入新时代，党的十九届四中、五中全会提出坚持、完善共建共治共享的社会治理制度，构建基层社会治理新格局。信访工作作为我国社会治理体系的重要组成部分，引入社会组织等第三方力量成为其进行社会治理创新的重要选项。文章从社会工作专业的视角入手，指出社会工作的专业优势使其参与介入信访工作治理创新具有很强的可行性，并在此基础上探索了社会工作介入信访工作的基本模式、介入路径，进一步探讨了社会工作介入信访工作治理创新的服务质量评价机制。

关键词： 新时代　信访工作　社会治理创新　社会工作介入　机制

一、前言

中国特色社会主义进入新时代，社会经济结构发生了巨大变化，社会矛盾、利益冲突呈现复杂化、多元化趋势，给社会治理与和谐发展带来诸多困扰。新时代的国情促使我国的社会治理模式从过去以政府集权为特征的“一元治理”模式向以社会分权为特征的“多元治理”模式转变。而引入社会组织等第三方力量参与已成为完善社会治理的重要选项。

信访是基于密切联系群众、发展社会主义民主及维护社会稳定等诸多原因而作出的一项有中国特色的制度安排，它在新时代具有政治参与、社情民意传递、权力监督、维权救济、矛盾化解等功能。信访工作是中国特色社

* 游清富，重庆工商大学法学与社会学院副教授。

会主义社会治理体系中不可或缺的重要构成部分，在社会治理创新过程中扮演着重要角色（李靖、钟哲，2013）。随着社会各利益矛盾的凸显，现实中不少的利益矛盾冲突不断转移到社会活动之中，并通过信访渠道反馈出来，在新时代亟须进行治理创新。党的十九届四中全会提出“必须加强和创新社会治理，完善党委领导、政府负责、民主协商、社会协同、公众参与、法治保障、科技支撑的社会治理体系”“畅通和规范群众诉求表达、利益协调、权益保障通道，完善信访制度”。党的十九届五中全会及《中共中央关于制定国民经济和社会发展第十四个五年规划和二〇三五年远景目标的建议》提出“完善共建共治共享的社会治理制度”，这为信访工作领域的治理创新指明了方向。本文以社会治理创新理论为基础，尝试从社会工作视角探讨信访工作领域的社会治理创新问题。

二、社会工作介入信访工作的可行性分析：社会工作的专业优势

新时代社会治理创新理论的核心思想之一就是社会治理主体多元化，引入社会组织等社会力量参与到社会治理中，构建公民参与、社会协同的共建、共治、共享的基层社会治理格局。信访工作领域的治理创新，同样需要吸引各种社会力量参与其中。社会工作作为新时代蓬勃发展的“助人”专业和“助人”职业，已成为新时代的一种重要社会力量，与信访工作在服务对象、工作目标、工作理念和方式等方面具有一定的相似性，这为社会工作介入信访工作提供了基础。相较于律师、心理咨询师等第三方的介入，社会工作的专业优势使其介入信访工作具有更强的现实可行性，更能带来信访工作领域的治理创新，有效提高信访工作的实际成效。

（一）“助人”理念优势

1.“以人为本”理念

社会工作以人道主义作为其最主要的理论基础，提倡“以人为本”，强调以服务对象为中心，遵循“服务对象利益优先”原则，在国家政策法律允许的范围内“追求服务对象利益最大化”。把这种理念运用于信访工作中，

必然能够得到上访者的理解和支持，利于双方之间基本信任关系的建立。

2.“助人自助”理念

社会工作作为一种“助人”专业和职业，提供各种方式帮助服务对象解决问题、满足需求是其最基本的目标。社会工作相信社会中的每一个人都具有自我完善、自我发展的能力。一方面，社会工作通过各种手段为服务对象增能；另一方面，服务对象不是被动、消极地接受“帮助”，他们是具有各种潜在能力的，社工的主要任务就是激发服务对象的各种潜能。信访工作中秉持此种理念，既可以充分发掘上访者的各种潜能，大大促进上访者的成长；又可以提升上访者的政策法律意识，理性、依法信访，减少甚至杜绝各种非正常信访，进而得到政府的认同和支持。

3.“公平正义”理念

促进和追求社会公平正义，是社会工作的专业使命。一个公平正义的社会，有责任关心和保护社会中的每一个成员，尤其是社会弱势群体，每一社会成员都应具有平等的基本权利和平等的发展机会。社会工作和信访工作的对象具有重叠性、相似性，在新时代信访工作中秉持“公平正义”理念去处理各种上访问题，是非常重要的。

（二）“助人”价值观优势

社会工作作为一种“助人”专业和职业，具有区别于其他专业和职业的独特的价值观，这些价值观运用于日常的信访工作之中，将有助于信访问题与矛盾特别是“信访积案”“信访老户”问题的化解，有效提升信访工作效果。

1.“利他”价值观

社会工作作为一种“助人”的专业和职业，是以利他主义为指导的，坚持“服务对象利益至上”原则。社会工作介入上访问题，以“帮助”上访者为出发点和动机，能在很大程度上理解上访者的利益诉求，能更加公正、客观地分析评估上访问题，进而易于被上访者接受、认同并建立起基本的信任关系。

2.“服务”价值观

社会工作秉持“服务”价值观，认为社会工作本质上是一种助人活动，是一种社会化的专业服务，“服务”是其本质的体现，重在对上访者提供“服务”，而不是“管理”。为此，社会工作坚持“服务对象利益优先”原则，不仅多视角、多维度全面、客观、公正地评估上访问题及诉求，而且尽力为上访者链接各种社会资源，帮助上访者解决上访问题。这些会深受上访者的热烈欢迎，利于推进上访问题的解决。

3.“平等尊重”价值观

一方面，社会工作虽然是“助人”职业，但从来都反对以“助人者”自居，强调沟通交流。服务过程中，助人者社会工作者与被助者服务对象地位平等。另一方面，“尊重”价值观是有效实现社会工作“助人”目标的基础和前提，所有服务都应当建立在对服务对象予以充分“尊重”的基础之上。在信访工作中运用尊重价值观，表现为对上访者上访权利的尊重、上访诉求的尊重、人格尊严的尊重、案主自决的尊重，善待所有上访人员。只有这样，才能减少基层信访工作者与上访者之间的疏离感，使二者之间尽早地建立起有序的基本信任关系。

4.“接纳、包容”价值观

为了有效实现“助人”目标，社会工作不仅强调尊重服务对象，而且还强调要接纳、包容服务对象，即社会工作者尊重服务对象的独立意志和权利，承认个体独特的个性、气质、观念和行为，承认其在社会环境中的独特文化传统和行为逻辑（李彩红，2019）。社会工作者要从内心真正接受、包容服务对象这样一个人，接受、包容他的优缺点和言行举止，要承认他的个体价值，而不去批评或怀疑他。接纳能让服务对象产生安全感、温暖感、自由感，从而使社会工作获得服务对象的信任。在社会工作专业服务中，社工要想秉持接纳价值观，就不能以自己的喜好来评判服务对象的言与行，即使服务对象的“三观”与社工个人产生冲突，也要做到包容、不批判、不做价值判断。“接纳包容”价值观，要求社工站在上访者的立场上去评价其上访行为，去理解上访者的言行和感受，因此它非常有利于社工走进上访者的内心世界，获得上访者的信任，进而为上访问题的解决打下基础。

（三）“助人”方法技巧优势

社会工作作为一种“助人”专业和职业，逐步发展出了三大助人方法和一系列助人技巧。和社会中存在的其他助人活动如志愿服务、邻里互助、慈善捐助等相比，社会工作的专业助人方法和技巧的助人效果是其他助人活动无法比拟的。这些助人方法、技巧如果能在信访工作中得以有效运用，将有效提升信访工作成效。

1. 三大“助人”专业方法

在长期的发展过程中，社会工作逐渐形成了三大专业助人方法：个案社会工作、小组社会工作和社区社会工作。

个案社会工作是形成时间最长、运用最规范，也最能反映社会工作特色的直接服务方法，它主要是针对有困难的个人和家庭提供一对一的专业服务，以“生命影响生命”方式促进案主的自我发展与成长，提升其社会适应能力。该种服务方法在解决“信访老户”的信访问题方面作用尤其明显，可以为上访者提供情绪疏导、关系调适、能力提升等方面的专业服务，增强上访者的社会适应能力。

小组社会工作一般是以小组活动为服务形式，借助组员间的互动、分享和支持，帮助个人、群体、社区解决问题，促进其顺利成长和发展（陈樑，2019）。这种服务方法在解决具有“类案”特征的集体访、群体访等上访问题时作用明显。可以建立由上访者组成的成长小组、互助支持小组、政策法律学习小组等多种形式的小组，或针对特定上访问题建立小组，通过多种形式的活动，去平复上访者的负面情绪，为上访问题的解决创造有利条件。

社区社会工作一般是运用社会工作专业理念、方法和技巧为社区及其居民提供专业服务，促进社区矛盾和社区冲突的化解，进而实现社会问题的预防和解决。上访者长期的上访，使其负面情绪多，人际关系差，社区活动参与少，常常处于自我封闭状态，成为社区的“问题居民”。社区社会工作方法在促使上访者融入社区、融入社会方面作用显著，社工可以有意识地组织一些与上访者利益密切相关的一些社区活动，通过多种方式鼓励、吸引上访者参与，让上访者回归正常的生活，逐步融入社区、融入社会。

2. 丰富的人际交流沟通技巧

在信访工作和社会工作服务过程中，社工和信访工作者都要面对多方面的沟通交流，比如与服务对象、政府职能部门、企业、社区、家庭等。沟通交流既是社工也是信访工作者解决问题过程的重要一环，沟通交流是否顺畅、有效，直接影响到情感的表达、信息传递，成为信访问题能否有效解决的基础环节。

社会工作作为一种"助人"专业和职业，在其长期的发展过程中，总结、提炼、形成了一套行之有效的专业的人际沟通交流技巧，比如同理心、耐心、倾听、专注、真诚、澄清、鼓励、引领、建议、自我披露等，如同理心可以有效安抚上访者情绪，贴近需求的交流、家常式的沟通可以减弱上访的对立感，耐心可以改变上访者的非理性认识（刘涛、邵继塘，2014）。这些助人技巧已被多年的社会工作实践证明是非常科学有效的，它们使得社工能够获得上访者的信任，使上访者愿意向社工敞开心扉，并与其进行有效的信息交流和沟通，客观、公正地分析评估上访问题，双方合作共寻上访问题的解决路径。这些对提升信访工作成效是非常有帮助的。

（四）"助人"立场中立优势

社会工作作为一种社会力量，具有独立性、专业性、中立性、非官方性，作为独立的第三方引入到信访工作中，一般没有掺杂自身利益，中立立场鲜明，能够基于"就事论事"而表达相关观点，因此比较容易获得被上访群众和涉案单位双方的认同和信任，这就为上访问题的有效解决造就了最基本的基础——信任，并进而在随后的问题调处中做到公正、客观，提出双方都基本上比较能够接受的解决方案。

（五）"助人"伦理优势

社会工作把增进人类福祉、促进社会公平正义、帮助弱势群体满足需求和增能、助人自助作为自己的专业使命，是一个饱含崇高道德的"助人"职业，是一种高尚的道德实践。它在助人过程中，对社会工作者有着严格的伦理要求，社工不得以“专业助人者”而“高高在上”，而应当秉持“服务对象利益优先”原则，平等对待服务对象，与服务对象之间是一种合作关系，尊重服务对象的人格、权利及自决权，接纳包容服务对象，不得批判服务对象，保守服务对象秘密，等等。与其他助人的类似服务相比，这些伦理规范要求使得社会工作更能得到上访者和信访部门双方特别是上访者的信任和接受，利于信访矛盾和冲突的及时化解。

综上所述，正因为社会工作与信访工作之间的这种密切联系特别是社会工作的专业优势，使得社会工作介入信访领域具备了较强可行性，也应景了当下信访工作治理创新的时代要求。

三、社会工作介入信访工作的机制分析

社会工作独特的专业优势为其推动信访工作治理创新提供了很高的现实可行性，但具体该如何介入到信访工作领域并有效提升信访工作实效呢？目前还处于初始的探索阶段，笔者尝试从介入模式、介入路径、介入服务质量评估机制三个方面进行探索。

（一）社会工作对信访工作的介入模式

随着涉足领域的日益扩展，社会工作开始在一些地方涉足信访领域。从目前社会工作介入信访工作领域的实践探索来看，主要有以下四种。

1. 项目委托模式

这种模式的基本特征就是：政府购买社会工作机构的专业服务，双方通过协议约定，政府把某一区域、某一类型的上访案件全部打包作价，委托给社会工作机构去处理，社会工作机构派出一定数量的社工运用社会工作专业方法技巧为上访者提供专业服务。

2.“社工劳务派遣”模式

政府相关信访职能部门特别是基层部门设置社会工作岗位，并与社会工作机构签订社工劳务派遣协议，社会工作机构按照协议的约定指派一定数量的专业社工到信访部门的社工岗位顶岗工作（比如担任接待员等），运用社会工作专业方法、技能从事相关信访工作，政府信访部门按照协议向社会

工作机构支付相应的劳务报酬。

3. 中立第三方参与模式

在这种模式下，社会工作机构及其社工是以独立的第三方身份参与到信访工作领域，秉持“中立”立场。在这种模式下，信访部门往往设有社会工作服务部门。信访工作者和社工各自利用自身的优势，取长补短，信访工作者发挥其行政管理优势，社工发挥其专业服务、助人自助优势，共促信访问题的及时有效解决。

4. 社工理念方法借鉴模式

在这种模式下，社会工作机构及其社工不直接参与到信访工作中，而是信访工作部门主动求变，创新信访工作理念和方式。鉴于社会工作在“助人”方面的专业优势，信访工作部门有意识地组织信访工作者集中学习、培训，学习理解社会工作专业价值理念，逐步掌握社会工作专业助人方法、技巧，然后尽量自觉地在信访工作中加以运用。比如有的地方改变过去“刚性”的、程序化工作方式，尊重、接纳、包容上访者，以“服务者”姿态去为上访者提供服务；对上访者从传统的“被动应付”转向“主动介入”。这些方面的改变，给信访工作带来了深刻的积极影响，信访工作成效有了明显提升。

从目前社会工作涉足信访领域的现实情况来看，上述四种主要的介入模式各有优缺点。在项目委托模式、中立第三方参与模式中，社会工作机构及其社工易于集中各种资源，较为独立地为上访者提供专业服务，服务的专业性更有保障；但与上访者专业关系的建立比较难，服务的实际成效往往受到政府信访部门的认同和支持力度的深刻影响。在“社工劳务派遣”模式中，由于存在大量主动来信访部门的上访者，因此与上访者的社会工作专业关系的建立相对快一些，专业服务也能及时跟进；但由于岗位是政府信访部门设置的，一方面，导致上访者对社工的“中立性”难免会有质疑，会影响到专业服务的开展；另一方面，由于是顶岗提供服务，服务的专业性往往难以保证。相较而言，社工理念方法借鉴模式，由于是从信访部门“内部挖潜”，改善和提升信访工作者的素质和能力，因此更利于从根本上对信访工作进行创新治理，有效改善政府与上访者之间的对立情绪，促进信访问题的有效解决；但是这种模式下，信访工作者需要大量时间和精力来对上访者提供服务，而现有的信访部门编制和考核指标对此都难以予以保证。

（二）社会工作对信访工作的介入路径

从目前社会工作对信访工作的介入程度来看，顶多算是“嵌入”，远未达到“嵌合”的程度。因此，社会工作在介入、参与信访工作的过程中，应从自身专业优势出发，选择易于发挥社会工作特殊作用的那些方面去介入。

1. 疏导情绪、释放压力

社工就需要及时运用危机干预模式，利用同理心、倾听、专注、耐心、尊重等专业技巧，协助上访者通过自我表达等方式宣泄不满情绪，平复心理，释放压力，引导上访者回归理性表达，客观理性地处理上访问题，从而为有效化解上访问题、矛盾和冲突创造一个能够理性沟通的氛围。

2. 促进沟通、反馈诉求

社工需要充分发挥自身人际沟通交流技巧的专业优势，在平等尊重的基础上，运用同理心，接纳、包容上访者的言行，争取尽快获得上访者的信任。在此基础上进一步运用倾听、专注、真诚、澄清、引领、建议等专业技巧，引导上访者打开心扉自我表达，社工既可以单独约见上访者（比如针对信访老户），也可以采取群体座谈方式（比如针对群体访），详细梳理清楚上访问题的前因后果、来龙去脉，厘清上访者的上访诉求；然后可以作为上访者的代言人，与信访部门、政府相关职能部门及其他责任主体进行沟通交流，协商处理上访问题，从而使上访诉求及时上达、责任主体回应及时下传，促进上访问题特别是合理诉求得到及时解决。

3. 政策咨询、释疑解惑

在现实的信访问题中，很大一部分上访诉求既有合理的内容，也有不合理的内容。之所以出现这种现象，上访者对党和政府的相关法律、政策缺乏全面、准确的认知是其重要原因之一。因此在参与信访工作过程中，一方面，社工应当在全面准确把握上访诉求的基础上，借助各种手段有针对性地全面收集、梳理上访问题所涉及的相关政策法规的内容，帮助上访者澄清自己诉求中不合理的部分，鼓励其依法依规进行信访；另一方面，利用现代信息技术条件，帮助上访者获取各种相关资信，利用其中于己有利的信息，为自己的上访诉求提供支撑依据。此外，针对信访老户、信访积案等信访难题所及的政策法律问题，社工还可以联系律师、相关专家等为他们提供专门服务，释疑解惑。这样，利于信访诉求的有序表达、信访问题的依法依规调处。

4. 整合资源、构建支持网络

一方面，社工应该发挥自己链接资源的优势，发挥桥梁和纽带功能，协调政府部门、企业、社区、社会组织等各方力量，尽力为上访者提供各种资源，力所能及地运用信访之外的途径帮助他们摆脱面临的困境，比如物质帮助、精神抚慰等；另一方面，社工在为他们服务的过程中，要尽力帮助他们建立起相对完整的社会支持网络，比如家庭、亲朋好友、社区、社会组织、政府相关职能部门等网络，为上访者增能，提升其社会适应能力，增强其自主解决问题的能力，从而主动改善自己的现实困境。

5. 总结服务、建言献策

社会工作在为上访者提供直接的信访服务中，由于自身的专业优势，一方面，比较容易获得上访者的信任，易与上访者深入沟通交流，进而掌握真实的第一手资料，能够对上访问题进行深入剖析，找到问题症结所在并提出对策；另一方面，社工与信访工作部门及其工作人员长期打交道，易于发现他们面临的各种困惑与问题，发现现行政策法规存在的不足之处。比如在实际生活中，有些信访问题的产生就是由于相关社会政策与法规在制定之初没有充分征求民意而导致的。某些社会政策法规是很多年前出台的，但因为各种原因没有作相应修改、调整甚至废止，仍在作为分配社会利益的依据，而这种分配明显不合理。所以，社会工作在介入信访工作的过程中，可以根据实务中遇到的问题，进行社会政策倡导，向相关职能部门提出合理的政策建议，推动政策变革，促进社会公平正义。

（三）社会工作对信访工作的介入服务质量评估机制

从目前社会工作介入信访工作的初步实践来看，主要是通过政府购买社会工作专业服务来实现的。因此，在探索社会工作对信访工作的介入服务质量评估机制时，笔者主要围绕政府购买社会工作专业服务这种模式来展开。在这种模式下，政府部门与社会工作机构之间往往通过书面协议来约定双方的权利义务，其中一项重要内容就是对社会工作介入信访工作的服务成效进行评估。社会工作服务评估是对社会工作服务任务、过程及效果的评估。如何评估服务成效，按照哪些指标进行评估，对双方都很重要，对此，目前并没有一个公认的合理的评估机制。笔者研究认为，为了客观、公正地评估社会工作介入服务的成效，可以从以下方面去考虑评估机制的构建。

1. 关于评估目的问题

该问题解决的是“为什么评估”的问题。从目前对社会工作服务项目的评估来看，主要分为工具理性评估和价值理性评估两种。对于社会工作对信访工作的介入服务评估，工具理性评估一般是指对社会工作介入服务的绩效进行评估，对其服务质量进行评判，并把该结果反馈给作为服务购买方的政府信访部门，信访部门据此优胜劣汰，促进公共服务资源的优化使用；而价值理性评估一般有双重目的，不仅要评判社会工作的服务成效并反馈给信访部门，而且还要反馈给社会工作专业服务机构，助其反思整个服务过程，总结经验教训，促进社会工作专业自身成长和发展。

从当前社会工作对信访工作的介入服务评估来看，评估目的主要是协助信访部门对社会工作的信访介入服务进行绩效考核，属于工具主义取向，缺失更具深远意义的价值性评估，比较忽略评估对优化资源配置、促进社会工作专业发展方面的积极作用。比如，在有的地方，社会工作服务评估结果是不反馈给社会工作服务机构的，这是不利于社会服务水平的整体提升的，因为社会工作机构不知道自己哪些方面做得好、哪些方面做得不好，不能准确把握改进的方向。为此，笔者认为，在构建新型的社会工作介入服务评估机制时，宜兼具工具性目的和价值性目的，不能只简单地停留在“绩效考核”这个点上。

2. 关于评估主体问题

该问题解决的是“由谁评估”的问题。目前对政府购买社会工作专业服务的评估，基本上仍然是沿用传统社会工作评估模式，评估主体主要为信访等相关职能部门，仍然属于行政性评估。这种自上而下的行政性评估，往往采取负责人汇报和座谈会等简单的评估方法，较少使用抽样调查、深入访谈等科学方法，信访服务对象参与度不高。

笔者认为，对社会工作对信访工作的介入服务的评估，应当引入专业的第三方力量来进行评估。专业第三方力量一般由专门评估机构或由社会工作等方面的专家组成。政府信访部门可以按照一定的入围资质或标准建立评估机构库或评估专家库，在需要进行项目评估时，可以随机抽取名单来组成评估组。独立第三方作为社会工作对信访工作介入服务的评估主体，信访服务对象参与度比较高，避免“外行评估内行”，能有效提升评估的专业性、规范性、科学性、客观公正性，评估结论更具有公信力，也更容易被服务双方所接受。

3. 关于评估对象问题

该问题是解决“评估什么”的问题。从目前社会工作介入服务评估的总体情况来看，基本上都是以社会工作对信访工作介入服务的成效为评估对象，即以结果评估为导向，属于结果评估。

笔者认为，结果的有效性和过程的规范性都是社会工作对信访工作介入服务质量的重要保证，单独强调其中一个方面，都会导致评估结论的片面性和非客观性。在构建社会工作对信访工作介入服务质量评价机制时，在设定评估对象时，要兼具结果导向和过程导向，不仅要全面考虑介入服务的多方面效果，而且还要把服务过程的专业性、规范性作为评估的对象，这样才能对社会工作介入服务进行客观公正、专业地评估。

4. 关于评估指标问题

这可以说是社会工作对信访工作介入服务质量评估中，最有争议的方面。主要原因在于：一方面，政府关注的重点在于“结果”，即息访人数、降访情况等；另一方面，社会工作介入服务难以标准化、程序化，难以建立一套可以完全量化、数值化的评估指标体系，比如上访者自身的改变我们就难以量化。所以，在设定评估标准、指标时，应把过程导向和结果导向整合起来，既要包括定性指标也要包括定量指标，应由社会工作领域的专家和信访部门共同拟定，避免完全以结果为导向的、急功近利色彩浓厚的现行评估指标体系。笔者认为，社会工作对信访工作介入服务质量评估指标，可以从过程维度和结果维度入手，可以根据需要设定一级、二级、三级甚至四级评估指标，级数越高，评估指标越详细具体，每一种指标都进行量化，赋予一定的权重（或分值）。从过程维度来讲，可以考虑设立项目管理、服务团队管理、服务规范与制度管理、服务实施管理与效果、财务管理、合作伙伴与资源管理等一级指标；从结果维度来讲，可以考虑设立信访服务成果、上访者变化、信访相关部门评价、上访者满意度、社工自评、社会影响力等一级指标。然后根据不同介入服务项目的实际情况，去拟定二级、三级甚至四级指标，并可以对各项指标赋予权重或分值，利于介入服务评估的量化。

社会治理创新已成为一种社会共识，社会工作介入信访工作服务成为信访工作领域创新治理的一种重要选项，并初步显现积极作用。但这种“介入”最多只能算是“嵌入”，远没有达到“嵌合”程度，目前受到诸多因素的影响，使得目前这种“服务介入”的广度、深度都比较有限，削弱了社会工作介入服务的应有成效。只有充分发挥相关各方的各自优势，才能使社会工作在信访工作创新中充分发挥其积极作用，进而促进信访工作成效的有力提升。

参考文献：

陈樑，2019，《社会工作介入空巢老人居家养老服务的研究——以长沙市X社区为例》，湖南师范大学硕士学位论文。

李彩红，2019，《信仰对基督徒社会工作者专业实践的影响——以上海市基督徒社会工作者为例》，上海师范大学硕士学位论文。

李靖、钟哲，2013，《从扩权到扩容：社会管理创新视角下信访制度改革的思路转向——以吉林省安图县为例》，《长白学刊》第1期。

刘涛、邵继塘，2014，《论信访制度的改革与社会工作介入》，《齐齐哈尔大学学报（哲学社会科学版）》第3期。

当代中国基层社会冲突的治理转型研究*

□马　原**

摘要： 改革开放以来，社会冲突的表现形态经历了从私人救济到公益促进，从情理叙事到法理维权，以及从行为对抗到协商辩论的转变，群体利益的表达趋于理性和日常，体现出从“异议”到“创议”的政策倡导趋势。在这一过程中，各级政府的社会冲突治理实践也发生了转向，逐渐改变被动的思路，在制度建设和政策供给方面对社会成员的利益诉求进行回应，在公共政策过程中更加注重公众参与和协商。这种向“回应”逻辑的转变不仅有助于缓和社会矛盾，维护社会稳定，对于促进提升我国政府公共决策的社会效果也具有重要意义。

关键词： 冲突治理　社会治理　政策倡导

新中国成立以来的70年见证了中国经济的高速发展与社会的深刻变迁。在经济迅速腾飞所创造的“中国奇迹”（林毅夫、姚洋，2009）背后，是市场化、城镇化所带来的生产、居住与交流方式的变革。在这一过程中，国家与社会交互越发活跃，物质与观念交流正在淡化地域、城乡与户籍的界限，多元群体间的利益摩擦频繁发生。与此同时，伴随国家权力在不同领域的收缩和扩张，人民群众对政府公共服务供给能力和输出公共政策能力的期待也在不断更新，众多矛盾、诉求和社会议题进入公共讨论空间，由此产生

* 本文系天津市哲学社会科学规划项目“社会稳定风险评估程序的基层实践研究”（项目编号：ZX20170080）；南开大学人权研究中心2019年度课题（2019NKHR001）阶段性研究成果。

** 马原，南开大学周恩来政府管理学院行政管理系讲师。

的社会冲突成为近若干年来政府在制度层面系统回应的议题，是国家社会互动的直观反映，浓缩了国家与社会关系变革的宏大图景。

本文将“社会冲突”界定为社会成员对基层政府或代理机构提出要求、表达异议或寻求补偿的集体行动。在这一概念框架下，我国社会冲突既包括集中体现本土制度文化特点的集体信访等群体利益表达，也包括借助现代互联网技术和即时通讯工具的网络动员与“邻避”行动。尽管表达策略复杂多样，各类社会冲突背后的核心争点均可以归因于为多元群体间利益和风险的分配，因此可以纳入共同的概念框架加以讨论。新中国成立至今，社会冲突的发生形态经历了从“私人救济”到“政策促进”、从“情理叙事”到“法理维权”，以及从“行为对抗”到“协商辩论”的转变，其中贯穿了现代化进程中有关发展与公平两种价值的广泛讨论，也是我国经济社会体制转型过程中“新秩序”和“旧体制”碰撞最为活跃的板块之一。与此相应，我国社会冲突治理逻辑的转变轨迹也体现出鲜明的时代印记，特别是在市场化改革之后，伴随从“全能国家”到“有限政府”的公权力角色调适，社会冲突治理逻辑也呈现从“维稳抑制”到“政策回应”的转变趋势，构成了我国治理能力现代化进程中的重要环节。

一、当代中国社会冲突的时代背景和阶段划分

新中国成立以来，我国经济社会结构从计划经济体系下的单位制时代历经改革开放的转型时期，逐步走向更加成熟的市场经济。始于1978年的市场化改革见证了经济社会体制的多重转型，这一过程触发的大量社会冲突组成了我国转型过程中独特的社会景观。无论在经济发展或是社会治理领域的讨论中，市场化改革都是一个重要的时间节点，因此本文将新中国成立至今的发展历程划分为计划经济的“单位制时代”（1949—1978年）、市场化改革初期（1978—2008年），以及改革成熟稳定期（2008年至今），并以上述三个阶段的制度背景作为起点，针对我国社会冲突所呈现的阶段性差异展开讨论。

（一）组织化依赖：单位制时代（1949—1978 年）的集体阅历

在新中国成立之初，国家以生产单位或集体的形式重组了生产与社会关系，单位制度被认为是新中国政府创设出的崭新劳动关系。这一时期由于缺少作为中介场域的市场或社会组织，维持国家与社会成员系属关系的重要组织是工作单位或生产集体，它们是连接国家与社会成员的唯一桥梁，组成了国家“有形之手”编织的致密网络，也是社会资源生产和分配的重要枢纽。单位体制下劳动关系的特征之一在于，工作单位掌握个人生活和发展所需要的大部分资源，大多数社会成员工作生活在相对均质与封闭的环境中，低工资、高福利与稳定的雇佣关系培养了个体成员对于单位的“组织化依赖”（organized dependence）（Dittmer & Lv，1996）。这一时期，国家对经济生产和社会生活的全面干预保证了生产生活的相对有序，多数矛盾冲突在单位制结构下得到抑制和吸纳，使单位成为当时最重要的社会冲突控制机制之一（冯仕政，2006）。

由于单位制时代的生产生活阅历深刻影响了我国当代社会冲突的发生形态，这一时期可以被视为社会冲突的“潜伏”期。首先，在单位制组织结构下，国家与个体社会成员间的关系呈现“依赖—保护”（patron-client）的特征，这种关系延伸出工作场所之外，扩展到许多其他社会领域，塑造了社会成员有关政府角色的“全能”想象（Oi，1985；Whyte & Parish，1985）。在随后开启的市场化改革进程中，经济规则与社会规范所发生的改变瓦解了单位制时代的“道义经济”制度安排（Walder，1988），社会成员从“单位人”转变为“社会人”过程中产生的强烈剥夺感成为市场化改革初期社会冲突的重要来源之一。其次，单位制组织在社会地理意义上的分割功能导致成员在利益、身份、集体阅历和价值观念上趋于一致，在客观上促成他们在寻求权利救济和利益表达的过程中迅速实现认同和动员。就这一意义而言，单位制度非但未能实现“分割效应”，反而催化了社会冲突行动的发生。伴随 1978 年的市场化改革，计划经济体制下的单位结构逐渐瓦解，单位成员从组织化依附中逐渐剥离，这场“从身份到契约”的变革重新定位了国家与社会关系，引发的社会冲突塑造了我国“转型期”独特的社会景观。

（二）利益受损者的不满：市场化改革初期（1978—2008 年）的群体事件

1978 年的改革开放见证了中国经济的迅速腾飞，也开启了包括行政权力结构、社会规范、文化观念在内的全方位变革，这一时期集中出现的社会冲突具有鲜明时代特色，也对各级政府的治理能力提出了前所未有的挑战。

改革开放之初，各基层地方政府围绕经济建设的政策目标展开了“锦标赛”竞争（周黎安，2007），一些地区盲目追求经济增长，忽视环保、教育、医疗等社会福利难以短期见效、难以量化的政策目标。在经济建设领域收获突出成果的过程中，高速增长的负外部性引发了收入差距扩大、环境污染、社会保障缺失等社会问题。与此同时，经济领域的发展缺乏行政与司法制度建设的呼应，而单位制的解体打破了社会冲突发生的结构性障碍，群体行为的风险与成本随之降低（李培林，2011），导致一些社会成员在难以借助制度化渠道实现权利救济时，通过具有冲突色彩的行为展示不满和诉求（O’Brien，1996）。此外，这一时期少数基层工作人员法治观念与程序意识相对薄弱，暴力执法、滥用职权等不当行政行为、乡村税费负担过重与基层腐败成为社会矛盾的焦点，导致这一时期的社会冲突主要集中于利益受损群体和边缘群体的诉求表达行动，例如国有企业改制过程中出现的下岗工人群体事件、都市化过程中出现的征地拆迁纠纷、农民税费负担沉重与基层腐败引发的乡村维权冲突等。

（三）公共政策倡导：改革成熟期（2009—2019 年）的利益表达

近若干年来，我国在积极融入全球化进程的同时，法律与制度建设更加充实完备，国家社会关系日趋活跃开放，为社会冲突行动的发生提供了全新的行动空间。就社会变迁角度而言，首先，全球化进程促进了世界范围观点交流和知识生产，也丰富了社会成员的表达框架和话语工具，更多社会成员从法律、科学、权利与风险等视角出发，对国家角色和政府职能提出新的诉求。其次，互联网信息技术的发展使信息传递效率显著提高，在提升社会成员公共政策参与意识的同时，降低了沟通壁垒和组织化动员的信息成本

（曾繁旭等，2013），使私人利益诉求更有可能提升到公共利益的层面，引发更为广泛的讨论。此外，经济发展和社会福利水平的提升深刻影响了社会大众的消费方式、信息技术使用能力和价值观念，多数社会成员不再受“生存危机”或被剥夺感驱动，导致损失嵌入型议题引发公共冲突的情况逐渐稳定甚至趋于减少（常健、毛讷讷，2019），而城镇化进程中产生的环境保护、社区治理等新型社会冲突数量逐渐增多且越发显现出公共议题的性质。更多的社会成员不再是公共政策的被动承受者，而作为利益相关者积极参与到政策制定过程中。

就制度结构角度而言，我国政府面对当前的新形势，在继续关注维护社会稳定政策目标的同时，开始探索如何将社会冲突背后的利益诉求引入政策制定过程中。例如党的十八届五中全会提出，应当加强和创新社会治理，使全体人民在共建共享发展中有更多获得感。同时，党的十八大以来，中央多次强调健全社会主义民主协商制度，推进协商民主广泛、多层、制度化发展。这些政策导向关注社会冲突背后的矛盾化解，意在提升决策过程的科学化与民主化程度，促进政府更有效回应社会需求，改进公共决策的社会效果。

综上所述，新中国成立以来所经历的市场化改革、社会转型与都市化进程贯穿了经济社会规范的全面调整，也伴随了社会矛盾冲突的发生，这些冲突承载了社会成员的诉求表达、权利救济、情绪释放和政策参与等多重功能。特别是市场化改革之后，我国经济社会经历了从行政调控到市场主导、从道义伦理到契约规则，以及从政治话语到法律逻辑的观念转变，社会冲突和利益表达也正在经历从异议行动到更具建设性的政策倡导的形态变迁。

二、当代中国社会冲突的变化趋势

回顾市场化改革至今的演变历程可以发现，我国社会冲突的外部形态经历了从私益救济到公益促进，从情理叙事到法理维权，从行为对抗到协商对话的变迁轨迹。这一变化轨迹是前改革开放时代的观念、话语和生活方式融入市场经济秩序的过程，也是公民意识习得和生产的过程。

（一）从私人权益到政策促进：行动诉求的公益化

在市场化改革之前的单位制组织结构下，各单位之间在工资、奖金、职业培训机会、福利住房等资源分配方面存在明显分割，社会成员的利益与身份认同也局限在各自生产单位和行业内部，导致改革开放初期社会冲突的动员网络和利益诉求一度呈现为分散化、细胞化的动员状态（应星，2007）。例如市场化初期，国有企业、农村集体企业下岗职工、乡村民办教师或退伍军人等群体的冲突行动多数局限在本单位或行业内，停留于特定少数行动者的具体物质诉求。这一时期社会冲突互动的显著特点之一在于，政府的公信力在科层体系内部呈现逐级上升的“差序结构”（Li，2013），例如基层乡村的矛盾冲突中，许多行动者将政策和法律文本作为其主张的正当性依据，在诉求表达中体现出对基层政策执行的不满（O’Brien，1996）。

改革进入成熟稳定期后，伴随社会交往日益活跃，单位制影响逐渐减弱，以生产单位为基础的动员逐渐被以居住空间、生活阅历为核心的动员和更广泛的利益认同取代（何艳玲，2005），例如东南沿海地区的新生代产业工人在集体行动中融入了自身的生活经历、交往方式和情感体验（汪建华、孟泉，2013），一些城镇居民面对社区治理问题时，动员状态也从松散的原子化过渡到组织化状态（何艳玲，2005）。动员范围的扩展推动了社会冲突诉求逐步延伸，在近若干年出现的新型社会冲突中，行动者诉求超越了具体政策的执行，扩展到政策供给环节，以更为积极理性的姿态发动政策辩论和参与政策制定过程（郭巍青、陈晓运，2011；龚志文，2015）。

（二）从情理叙事到法理维权：话语表达的理性化

市场化改革不仅带来经济秩序的调整，也伴随了利益结构调整和社会规范的重塑，体现出以效率为核心的分配规则和计划经济时代“平均主义”分配伦理之间的碰撞。市场化改革之初，社会冲突的表达框架渗透了单位制时代的公平观，这一时期的许多社会冲突在本质上是“怀旧”和防御性的，是对以往社会规范和价值标准瓦解的反应。因此在这一时期，同计划经济体制相联系的价值观念成为行动者表达诉求的主要依据。例如研究者发现，历经计划经济全盛时期的城市知识分子、学生、村民或工人在表达中展现出对这一时代的怀念（Chen，2000），他们以计划经济时代的规范和伦理批评改革过程中滋生的腐败、不平等与不道德（Solinger，1999），表达框架体现为高度情绪化的展示。

改革开放带来了经济领域的高速增长，而经济发展亟须法律与制度建设的匹配。在改革初期，我国一方面加快立法进程，保障经济贸易与社会交往有法可依，另一方面，从1986年开始实施每五年为一周期的全国普法活动，提高全民法律意识和法律素养，促进社会主义法治文化建设。1999年，九届全国人大二次会议通过的宪法修正案规定“中华人民共和国实行依法治国，建设社会主义法治国家”。“依法治国”原则正式进入宪法，成为国家的主导意识形态以及社会治理方式。伴随制度规范逐渐完备和法律体系日益成熟，包括国有企业下岗职工和农民维权者在内的社会成员法律意识不断提升，他们尝试策略性的以“权利”和“法律”的修辞作为话语工具，社会冲突表达框架中出现了对“法治”与权利说辞的创造性使用，展现出法治观念和实用思维的结合（程秀英，2012；仝志辉，2013），其中法治修辞逐渐成为行动者话语框架的重要素材（马原，2018a）。尽管研究者普遍认为这一时期的基层冲突更多地体现了“规则意识”而非“权利意识”，权利说辞的使用不过是规则意识的延伸（Perry，2007），然而即使是对于法治话语的工具性使用，仍然有效地推动了社会成员理性表达诉求，促成公民意识的觉醒和自觉主动的政策参与。

（三）从行为对抗到观点辩论：沟通机制的常态化

市场化改革初期，社会冲突的典型特征在于行为的对抗性，突出体现了“非制度化”的特点。在冲突互动过程中，维权者善于围绕“弱势者”身份构建叙事框架，将诉求与不满展现在“表演式”的行动剧目中。这一时期的社会冲突不仅包括“依法维权”，也包括“闹访”、“谋利型上访”和“要挟型上访”等现象（陈柏峰，2013；田先红，2010；饶静等，2011），地方基层政府不仅面对沉重的维稳压力，也面对公信力流失和干群关系紧张所带来的治理困境。

然而，伴随时代变迁和经济社会发展，较为激烈的行为正逐渐淡出社会冲突的舞台，社会冲突的表现形态越发展现出更为本质的特征，即不同群体间利益、观念的矛盾与共存。从全球范围内，近若干年社会冲突领域出现的新趋势之一在于行动策略更加融入日常，成为“常态政治”的一部分，例如在西方国家“邻避”项目选址过程中，利益相关居民以温和而积极的方式参与政府组织的项目论证并发表意见，或借助媒体或互联网展开互动（马原，2018b）。这一特征在我国社会冲突领域同样有所体现，特别是在媒体发达、居民普遍受教育程度较高的都市，中产阶层行动者主导的群体利益表达过程中，对抗行为被温和理性的观点辩论所替代，例如在广州业主反对垃圾焚烧站选址的“番禺事件”中，业主在网络论坛上设置讨论专区，通过讨论凝聚共识，激活批评，保证了民众作为政策过程中的反方意见有一种持续清晰而强烈的表达（郭巍青、陈晓运，2011）。同时，行动者能够自觉在优化公共政策的维度进行具有创造性的尝试，使其行动超越私人利益，迈向更加具有积极建设意义的政策促进。例如“番禺事件”的社会效果之一在于增加了广州“垃圾围城”问题的可见性，促进垃圾治理成为政府工作的优先议题（张劼颖，2016）。除此之外，参与者还通过成立社会组织的方式寻求垃圾处理的替代性方案，推动环保的垃圾治理理念，使这一冲突事件从围绕“私利”的冲突蜕变为以公益为目标的社会行动（张劼颖，2016）。

综上所述，从改革开放初期至今，当代中国社会冲突呈现出公益化、理性化和常态化的、从“异议”到“创议”的发展趋势。伴随经济社会发展，公民表达和参与意愿日益凸显，越来越多的社会成员开始以利益相关者的身份积极参与到公共决策中，对于政府的治理能力也提出新的期待。因此，各级政府如何在治理理念上适应社会冲突所呈现的时代特点，对于维护社会稳定、化解社会矛盾和提升政府治理能力具有重要意义。

三、社会冲突治理逻辑的变迁

从我国社会冲突的变化趋势中可以发现，当代社会冲突中的个体公民权利意识更加清晰，政策参与意愿更加强烈，组织和行动能力显著提升。在这一过程中，市场化改革之前延续下来的行政管理理念愈发无法适应社会治理环境的变迁：一方面，以“全能政府”为单一主体的治理模式难以适应多元利益群体的参与表达需求，行政过程缺乏公开与透明，参与和表达途径狭窄导致社会矛盾积聚，亟须政府在规则和制度层面的调整。另一方面，在传统行政管理理念下，基层政府过分关注冲突事件本身而忽略了背后隐含的社会矛盾。在实践中，许多基层政府倾向于掩盖冲突事件，不仅无益于社会冲突的化解，反而会加剧基层矛盾，导致政府公信力流失。面对社会冲突治理环境对于政府职能与治理过程的新需求，各级政府不断尝试将社会矛盾纠纷引入制度化途径加以化解，并在公共政策层面回应冲突背后的社会诉求，实现向“回应”式社会冲突治理逻辑的转变。

（一）对社会矛盾的科层吸纳

市场化改革之后，征地纠纷、劳资纠纷等社会矛盾不断加剧，由此引发的群体上访和群体事件成为危及治安与社会秩序的因素。在这一背景下，维护社会稳定成为各级政府的重要政策目标，这一思路开始主导我国各级政府的冲突治理。自20世纪八九十年代开始，基层政府“维稳”重心从“严打”转向社会矛盾化解、社会管理创新和廉洁公正执法的“三项重点工作”（张永宏、李静君，2012），鼓励群众通过制度化渠道寻求救济和表达诉求，将社会冲突纳入行政权力主导的纠纷解决过程中，实现对于社会冲突的“科层吸纳”。

首先，这一时期的治理思路与政府在市场化改革之初的技术治理倾向密切相关。市场化改革之后，国家治理的正当性基础逐步由“政治合法性”转向“绩效合法性”（冯仕政，2011），治理风格日趋体现出精细、务实与技术治理特征，常规、秩序和稳定成为政府追求的重要价值。与前改革开放时代的国家动员与“运动式治理”相比，技术治理的风格更倾向于依托专业知识、明确分工与成文规则，构建常规稳定的治理过程。具体到社会冲突治理领域，体现为各级政府鼓励民众以规范化、制度化的方式进行诉求表达，尝试借助诉讼、仲裁、调解和信访等科层结构吸纳社会冲突与矛盾，并通过逐级、有序的方式实现民众与政府的对话（卢超，2018）。例如党的十八届四中全会作出的《中共中央关于全面推进依法治国若干重大问题的决定》中指出，应当“健全社会矛盾纠纷预防化解机制，完善调解、仲裁、行政裁决、行政复议、诉讼等有机衔接、相互协调的多元化纠纷解决机制”“保障合理合法诉求依照法律规定和程序就能得到合理合法的结果”，同时通过一系列规范性文件“积极引导群众以理性合法方式逐级表达诉求，不支持、不受理越级上访”，明确规定对不依法逐级走访的案件不予或不再受理。[1]

其次，基层政府行动逻辑直接来源于自上而下的科层考核压力。市场化改革之后，地方政府、特别是基层地方政府在维护社会稳定过程中所扮演的角色愈发重要。自20世纪90年代初开始，中央通过一系列规范性文件确立了“属地管理、分级负责”的科层控制原则，处理社会冲突的“维稳”政策目标被细化为集体上访、越级上访与群体性事件数量等具体指标，纳入考核范围，使“维稳”压力在科层体系内部逐级传递。尽管从制度设计上，责任属地化意在促使各地方、基层政府积极引导群众以合法有序的制度化方式实现权利救济，然而在实际运行中，考核压力下的基层政府却将大量行政与财政资源投入到易于量化的考核指标，即控制社会冲突事件数量的过程中，甚至出现政策目标替代与选择性执行现象。

这一阶段的社会冲突治理实践将社会冲突吸纳到属地管理的科层结构中，本质上却遵循与科层理性不相兼容的“个案化解”逻辑。这些利益补偿的过程本质上是基层政府基于考核压力，在正式规则之外的裁量和变通，尽管能够在短时间内缓和社会冲突，却难以形成制度层面的有益积累，无法在根本上实现利益协调和矛盾化解的功能。

（二）对社会矛盾的政策吸纳

面对原有冲突治理的弊端逐步显现，各级政府开始在规则与制度设置上作出调整适应，体现出“回应”式的冲突治理的特征。“回应”式冲突治理理念认为真正重要的问题不是冲突事件是否发生，而是能否将冲突背后的

[1] 具体规范性文件可见：2005年《信访条例》，国家信访局2014年颁布的《国家信访局关于进一步规范信访事项受理办理程序，引导来访人依法逐级走访的办法》，2014年中共中央办公厅、国务院办公厅颁布的《关于创新群众工作方法解决信访突出问题的意见》、《关于依法处理涉法涉诉信访问题的意见》等。

利益和观点分歧纳入制度化途径（何艳玲，2009），促进对立意见理性、有序的互动。因此，社会冲突治理不应止步于控制冲突事件数量，而是应当在公共政策的维度，对于冲突背后的矛盾与诉求有所感知和反馈，在完善权利保障体系的同时，在决策环节吸纳公众参与，通过协商合作的方式实现多元群体利益平衡与社会冲突的化解。

在实体权利保障方面，我国政府近若干年来不断通过立法建设、司法改革与政府职能转变等举措，回应社会变迁与经济发展过程中出现的结构性不平等。例如面对改革开放初期劳资纠纷频繁发生的现象，我国逐步完善劳动立法，推动劳资纠纷纳入法治轨道得以化解。2008 年，劳动合同法和劳动争议调解仲裁法等相继付诸实施，劳动争议处置的法治框架趋于完整，更多劳动者采用法律武器去捍卫自身合法权益。此外，面对城镇化进程中出现的房屋暴力拆迁、暴力抗法等恶性案件，我国从 2007 年开始起草和制定《国有土地上房屋征收与补偿条例》，明确补偿标准，完善征收程序，扩大公众参与，在规则设置上平衡工业化、城镇化建设与土地房屋被征收群众的利益。除此之外，发生在 21 世纪之初的我国农村税费改革，2012 年起在全国范围内推广的重大项目决策的社会稳定风险评估程序等，都体现出政府通过法律规范与公共政策的方式回应社会冲突背后的民众诉求。

更为重要的是，我国政府不断创新多元合作的治理方式，使公共政策的决策过程更具有开放性，实现社会矛盾的化解并达到维护稳定的目标。具体表现在决策环节更加注重公众参与、协商民主以及多元群体利益平衡，通过社会稳定风险评估、重大行政决策公众参与程序等社会冲突“前置”程序，确保公共政策的公平、合理和公信力。例如 2012 年，党的十八大报告提出应当建立健全重大决策社会稳定风险评估机制，在制定出台、组织实施或审批审核前，对可能影响社会稳定的因素开展系统的调查，有效规避、预防、控制可能产生的社会稳定风险。党的十八届三中全会通过的《中共中央关于全面深化改革若干重大问题的决定》也提到应当“创新有效预防和化解社会矛盾体制。健全重大决策社会稳定风险评估机制。建立畅通有序的诉求表达、心理干预、矛盾调处、权益保障机制，使群众问题能反映、矛盾能化解、权益有保障”。党的十八届四中全会通过的《中共中央关于全面推进依法治国若干重大问题的决定》中提出健全依法决策机制，“把公众参与、专家论证、风险评估、合法性审查、集体讨论决定确定为重大行政决策法定程序，确保决策制度科学、程序正当、过程公开、责任明确”。在地方实践层面，各地陆续出台了各类涉及社保政策、土地征收、环境项目建设等具体化的社会稳定风险评估程序规定，其程序运作已经逐步相对成型。此外，2019年国务院公布《重大行政决策程序暂行条例》，也针对行政决策的公众参与进行了专章规定，要求决策承办单位通过沟通协商、公开征求意见与听证会等采取便于社会公众参与的方式听取意见，提升公众参与度和监督效率，提高政府决策的公信力和执行力。就维护社会稳定的角度而言，如果参与政策过程的渠道对多元利益主体保持相对开放，就能够有效降低社会群体采取行动的可能性，使社会矛盾和冲突被政策过程所吸纳，即通过多元利益主体的有序参与实现社会稳定（马原，2019）。

整体而言，我国社会冲突治理的工作重心从“维稳”转移到公共政策的信息沟通、决策协商与执行监督等环节，使公共政策过程中的公民参与在广度和深度上均有所提升，从中可以看到社会冲突治理思路经历的从“维稳”到“回应”的发展历程。一方面，政府对于社会冲突治理有了更为全面的理解，对于“稳定”的理解也实现了从“静态稳定”到“动态稳定”的转变；另一方面从制度建设和政策供给方面对于社会成员的利益诉求进行有效回应，在政策风格上展现出强大的反思与适应能力。然而值得关注的是，从“维稳”逻辑到“回应”逻辑的转向在现阶段更多集中在价值倡导和政策取向层面，具体到基层实践中，中央政策倡导与地方政策执行之间的“落差”（万江，2014）、各地基层政府治理能力的区际差异和不均衡分布，以及基层政府对于“维稳”工具的路径依赖等因素，共同导致我国冲突治理实践仍然很大程度上受制于“维稳”思路的影响。因此，如何促成地方政府更为深刻的观念转变，以及如何在具体的政策工具层面不断发掘与实践“回应性”的冲突治理理念，依然是新时期我国冲突治理领域研究需要进一步回答的重要问题。

四、结语：迈向新时代的社会冲突治理

新中国成立至今，社会冲突经历了从“潜伏”到显现的过程，外部形态也经历了从“行为对抗”到“政策倡导”的变化轨迹。在这一变化轨迹背后是国家功能在不同领域的收缩、扩张以及政府职能与角色的转换（黄冬娅，2011）。1978年之后计划经济向市场经济的转型，以及由此产生的新兴社会空间和各种社会冲突都可以被看作是国家政权建设和制度转型重要的推动力，推动国家治理体系的转型与国家权力向新的社会经济空间渗透。

首先，成熟的市场规则和发达的社会组织能够为群体利益表达提供通道，助力实现维护社会稳定的功能。市场化改革以来，国家逐步退出对社会、经济生活的直接干预，逐步开启“有限政府”、“责任政府”与“服务型政府”的改革计划与制度实践，然而计划经济时代的“全能”政府模式依然存在强大的历史惯性，行政权力在经济、教育、医疗、养老、住房、就业与社会治安等众多领域仍然扮演重要角色：在市场化改革初期，针对收入不均、社会不公、劳资纠纷、产权纠纷或环境污染等问题产生的社会冲突集中显现，这一时期的各级政府不仅承担了冲突治理的主要角色，也成为社会矛盾的汇聚焦点。伴随改革的逐步深化，一些计划经济时代曾经属于政府职能范围的事务已经被推向市场和社会，然而面对民众对于国家角色的“全能”期待，政府经常不得不承担许多超出自身能力范围的职能。因此在今后的规则制度调整中，一个可行的思路是将社会组织作为个体社会成员的有效表达通道，使大部分利益纠纷与权利救济通过这一渠道获得关注，使各级政府从“全能”角色中逐渐解绑，将治理重心集中于通过规制、监管和福利政策来避免市场竞争的外部性与分配不公的局限。这一角色转换不仅能使政府治理负担显著减轻，也能促进社会冲突与利益表达呈现出更多“竞争性”而非“对抗性”（陈鹏，2010；郭于华、沈原，2012）。

其次，在国家与社会之间建立稳定的中介沟通渠道能够提升我国公共政策的社会效果。伴随政策制定过程的日益开放，经济精英或知识精英对于公共政策的影响日益增加，然而普通民众在政策过程中的参与程度相对有限，相当多的社会成员只能作为公共政策的被动接受者。在面对涉及自身利

益的公共政策议题时，社会冲突也可以被视为缺乏制度化表达通道的利益相关者参与政策制定过程的实践方式。因此，我国社会冲突治理的发展趋势是将更广泛利益相关者的诉求引入政策制定过程之中，形成以利益均衡为主导的社会矛盾化解模式（应星，2012），同时通过常态、稳定的中介机制建立国家与社会互动的渠道（何艳玲，2005）。这一冲突治理思路不仅有助于从根本上缓和社会矛盾，维护社会稳定，也能促进政府更有效回应社会需求和公共决策社会效果的提升。

党的十九大报告指出，伴随中国特色社会主义进入新时代，我国当前主要社会矛盾已经发生了新的变化，这意味着公共冲突治理所面临的新形势不同以往。与此同时，人民群众对于优质环境、正当程序和政策参与的意愿逐步提升，群体利益的表达趋于理性和日常，体现出从“异议”到“创议”的政策倡导趋势，政府对社会冲突治理理念正在实现从“维稳”逻辑到“回应”逻辑的转变。因此，在今后的冲突治理实践中，如何建立稳定、常态的国家社会沟通机制，实现这一理念转变从中央政策倡导向基层治理实践的下沉，不仅关系到社会冲突治理效率的提升，也是我国政府改进公共政策，实现良性政社互动的关键所在。

参考文献：

常健、毛讷讷，2019,《新时期中国公共冲突的变化趋势及其治理策略》,《中国行政管理》第5期。

陈柏峰，2013,《群体性涉法闹访及其法治》,《法制与社会发展》第4期。

陈鹏，2010,《当代中国城市业主的法权抗争——关于业主维权活动的一个分析框架》,《社会学研究》第1期。

程秀英，2012,《从政治呼号到法律逻辑——对中国工人抗争政治的话语分析》,《开放时代》第11期。

冯仕政，2011，《中国国家运动的形成与变异：基于政体的整体性解释》，《开放时代》第1期。

冯仕政，2006，《单位分割与集体抗争》，《社会学研究》第3期。

郭巍青、陈晓运，2011，《垃圾处理政策与公民创议运动》，《中山大学学报（社会科学版）》第4期。

郭于华、沈原，2012，《居住的政治——B市业主维权与社区建设的实证研究》，《开放时代》第2期。

龚志文，2015，《运动式政策参与：公民与政府的理性互动——基于广州番禺反焚运动的分析》，《吉首大学学报（社会科学版）》第1期。

何艳玲，2009，《“中国式”邻避冲突：基于事件的分析》，《开放时代》第12期。

何艳玲，2005，《后单位制时期街区集体抗争的产生及其逻辑——对一次街区集体抗争事件的实证分析》，《公共管理学报》第3期。

黄冬娅，2011，《国家如何塑造抗争政治——关于社会抗争中国家角色的研究评述》，《社会学研究》第2期。

李培林，2011，《我国发展新阶段的社会建设和社会管理》，《社会学研究》第4期。

林毅夫、姚洋主编，2009，《中国奇迹——回顾与展望》，北京大学出版社。

卢超，2018，《行政信访法治化改革及其制度悖论》，《华东政法大学学报》第2期。

马原，2019，《政策倡导与法治维稳：多元参与视角下的社会冲突治理》，《治理研究》第5期。

马原，2018a，《基层信访治理中的“法治”话语冲突——基于华北S县的实证观察》，《环球法律评论》第1期。

马原，2018b，《从“事件中的动员”到“空间中的动员”——评麦克亚当和布代著〈地域视野下的社会运动：解释美国居民在2000—2005年间对能源项目的抵制〉》，《社会学评论》第5期。

饶静、叶敬忠、谭思，2011，《“要挟型上访”：底层政治逻辑下的农民上访分析框架》，《中国农村观察》第 3 期。

田先红，2010，《从维权到谋利——农民上访行为逻辑变迁的一个解释框架》，《开放时代》第 6 期。

仝志辉，2013，《权利诉求中的实用道义意识：从理解农民选举上访信开始》，《中国乡村研究》第 1 期。

万江，2014，《政策执行失灵：地方策略与中央态度》，《北方法学》第 6 期。

汪建华、孟泉，2013，《新生代农民工的集体抗争模式——从生产政治到生活政治》，《开放时代》第 1 期。

应星，2012，《超越“维稳的政治学”：分析和缓解社会稳定问题的新思路》，《人民论坛》第 7 期。

应星，2007，《草根动员与农民群体利益的表达机制——四个个案的比较研究》，《社会学研究》第 2 期。

曾繁旭、黄广生、刘黎明，2013，《运动企业家的虚拟组织：互联网与当代中国社会抗争的新模式》，《开放时代》第 3 期。

张劼颖，2016，《从“生物公民”到“环保公益”：一个基于案例的环保运动轨迹分析》，《开放时代》第 2 期。

张永宏、李静君，2012，《制造同意：基层政府怎样吸纳民众的抗争》，《开放时代》第 7 期。

周黎安，2007，《中国地方官员的晋升锦标赛模式研究》，《经济研究》第 7 期。

Chen, Feng, 2000. “Subsistence Crises: Managerial Corruption and Labour Protests in China.” *The China Journal*. 44: 41-63;

Dittmer, Lowell & Lv Xiaobo, 1996. “Personal Politics in the Chinese Danwei under Reform.” *Asian Survey*. 36(3):246-267.

Li, Lianjiang, 2013. “The Magnitude and Resilience of Trust in the Center: Evidence from Interviews with Petitioners in Beijing and a Local Survey in Rural

China. " *Modern China*. 39 (1) : 3-36.

O'Brien, Kevin & Li Lianjiang, 1996. "Villagers and Popular Resistance in Contemporary China." *Modern China*. 22(1): 28-61.

Oi, Jean, 1985. "Communism and Clientelism: Rural Politics in China." *World Politics*. 37(2):238-266.

Perry, Elizabeth, 2007. "Studying Chinese Politics: Farewell to Revolution?" *The China Journal*. 57: 1-22.

Solinger, Dorothy, 1999. *Contesting Citizenship in Urban China*. Berkeley: University of California Press: 282-290.

Walder, Andrew, 1988. *Communist Neo-Traditionalism: Work and Authority in Chinese Industry*. CA: University of California Press.

Whyte, Martin & William Parish, 1985. *Urban Life in Contemporary China*. Chicago: University Of Chicago Press: 26, 72-73, 100-104.

信访观察

孙登科　黄宇森　我国信访属地管辖权的理论探析与制度重构

高小勇　原佳丽　凌志敏　新时代基层检察机关信访工作研究
——以B市D区检察院为参照

胡林贵　让群众“最多访一次”的蚌埠实践与探索

我国信访属地管辖权的理论探析与制度重构 *

□ 孙登科　黄宇森 **

摘要： 在我国信访制度中，属地管辖被确定为我国信访制度的一项重要原则，但是由于对属地管辖概念的界定模糊，导致理论上和实践上存在两方面问题：一方面对属地的认定标准认识不清，仅仅认定为户籍所在地或事件发生地才是属地，导致对属地认识的片面化；另一方面，对属地仅仅认为是初始地，人为的把属地管辖权狭隘化，大量的信访案件得不到及时解决。从属地管辖理论本身来看，属地不仅包括住所地、居所地、经常居住地和行为发生地，还包括人身行为限制地和不动产所在地等。信访事件发生地不但包括行为发生地，也包括结果发生地。同时，以人的身份去确定住所究竟是属于属人管辖原则还是属地管辖原则尚需进一步探讨。

关键词： 信访制度　管辖权　属地管辖　属人管辖

在人类历史发展的长河中，既定的地域空间是人类生存发展的必要条件，无论是作为个体的自然人还是作为一个主体的组织或国家，都离不开一定的自然生存空间。地域空间为人类的生存和发展打下了天然的自然烙印，不仅成为人类生存发展的场所，更是区分人与人之间行为的界限。伴随着国家的产生，主权、疆域领土、组织和居民构成了国家的基本要素，在这些要素中，疆域领土是国家赖以生存的物质基础，也是国家行使主权的范围和空

---

* 本文系全国信访系统内部理论研究项目（201901001）阶段性研究成果。

** 孙登科，江苏海洋大学文法学院校聘副教授，博士，东南大学法学博士后，主要从事国际私法、行政法、网络法等方面研究；黄宇森，南京大学法学院硕士研究生。

间。从某种程度上说，疆域领土决定着国家权力的分配和设置，成为国家对外维护国家独立和对内实现统治职能的天然条件，因此，坚持属地管辖原则是国家维护统治的基本要求，具有天然的正义性。

一、信访制度属地管辖权的理论探析

（一）属地管辖原则的法律溯源

管辖权制度源远流长，是一个国家进行统治和维护秩序的政治制度，也是一项重要的法律制度。尽管国家坚持属地管辖具有应然的正义性，但是社会的规则向来不是绝对屈服于自然的掌控之中的。随着人类文明的发展，人类的活动在逐渐从自然中突破，寻求适合人类社会发展的新规则。如何在一定的框架内去寻求一种新的管理制度一直是先贤努力探索的使命。在中世纪欧洲，法国的达让特莱出于封建主把一切领域内的一切人、物、行为都置于当地习惯控制之下的需要，极力鼓吹属地主义原则，推崇一种具有封建割据性的地方自治。萨维尼认为，对于某一特定法律关系的法律选择规范本质上完全是地域性的，把住所地、物之所在地、行为地以及法院所在地四个因素在本质上都认定为地域属性。随着现代法治理论的演进，人们对属地的认识更加深刻，按照现行法律的属地标准规定，住所地、居所地、诉讼原因发生地、可供执行财产的执行地、诉讼标的物所在地等连接因素都成为管辖权行使的重要考量因素，这些连接因素都具有明显的地域特征。在国际法中，管辖权（Jurisdiction）一般意义上又称职权、国家管辖权，是国家对人、事和物进行控制、支配或管理的权力（刘懿彤，2017）。按照不同的标准可以进行不同的分类，如按照管辖的内容不同，可分为对人的管辖权和对事的管辖权；其中对事的管辖权又可以分为军事管辖权、司法管辖权等。按照管辖权的产生方式不同，管辖权又可以分为法定管辖权、指定管辖权和协商管辖权等。目前，不同的学科对管辖权研究的侧重点不同，但是在这些管辖权的分类中，属地管辖权、属人管辖权、保护性管辖权和普遍管辖权是最基本的分类，是国家管辖权制度中最基本的原则。而在这些分类中，属地管辖是最具有基础性的，是其他管辖权存在的依据。属地（管辖）原则是国际法的一项古老的原则，在国际法中，领土是构成国家的重要要素，以地域空间为管辖权是国家主体的必然延伸，地域与主权有着密切的联系，因为主权具有属地性质（李良才，2012）。因此，我们这里所要探讨的属地管辖原则主要是指按照行为地、住所地等较为固定的连结点确定管辖的地域范围。

信访属地管辖具有天然的合理性和正当性，所以其具有旺盛的生命力和支撑力。属地管辖原则具有天然的优越性，这种管辖原则的确定具有可预见性和可操作性，与我国的行政区域的设置具有契合性，能够为相关问题指引相关的机构，找到相关的责任主体，有利于行政机关明确自己的责任，上访人明确到哪个地方去解决问题。另外，人、物及其行为总是与特定地域的政治、经济以及社会信仰密切联系，坚持既定的属地管辖标准能够节约管辖成本，实现相关资源有效配置。

（二）我国信访管辖权的立法现状

尽管我国的《信访条例》对“属地管理”原则作出重要规定，但是我国的《信访条例》中却没有对管辖权一词进行明确规定。不过，国际法学中的管辖权制度与行政法学中的管辖权有着千丝万缕的联系。就信访制度而言，我们所讨论的信访管辖权与司法管辖权制度不同，但是与我们行政法学的复议管辖权、诉讼管辖权以及行政事项的管辖权有着密切联系，理论界和实务界对管辖权的研究大多只局限在行政复议和行政诉讼的管辖权问题研究。在立法中，为了避免行政管辖的司法化的考量，《行政复议法》有意回避了管辖这个术语，并将管辖权的内容规定在行政复议机关部分（姜明安，2007）。尽管如此，一些部门的规章或规定中早已对信访管辖权进行相关的规定，例如，2005 年发布的《公安机关信访工作规定》第 18 条[1]、19 条[2]、

[1] 第 18 条：各级公安机关受理信访人对本级公安机关及其派出机构和民警的职务行为反映情况，提出建议、意见或者投诉请求等信访事项。

对依法应当通过法定途径解决的信访事项，依照有关法律、法规的规定管辖和处理。

[2] 第 19 条：地级公安机关受理信访人对县级公安机关的信访事项处理意见不服提出的复查请求。

省级公安机关受理信访人对地级公安机关的信访事项处理意见不服提出的复查请求；受理信访人对地级公安机关的复查意见不服提出的复核请求。

20条[1]和21条[2]就专门对信访事项的管辖作出相关规定，该规定中不仅规定了对信访事项的管辖，而且也规定了级别管辖、特殊管辖和属地管辖等内容和原则。事实上，属地管辖实质是依地域而规定机关的权限，通常与事务管辖紧密相联系，是事务管辖所涵盖之地理范围，此处地理范围通常为一国之行政区划；中央机关以全国为范围，地方机关分别以省、市、县或乡镇等为范围（陈慈阳，2005）。行政信访属地管辖应为行政信访机关根据行政区域划分对属于行政机关信访事务管辖范畴内的行政信访事项所具有的职责与权限。信访事项一般由其发生地的行政机关予以管辖。例如，《江苏省信访条例》第11条规定地方各级人民政府及其工作部门受理下列信访事项：（1）对本辖区内的经济、文化和社会事业的建议和意见；（2）对本级人民政府或者下级人民政府规章、决定、命令等规范性文件的建议和意见；（3）对本级人民政府及其工作部门的工作人员或者下级人民政府工作人员的违纪、违法行为的检举和控告；（4）对本级人民政府及其工作部门或者下级人民政府所作出的具体行政行为不服的意见；（5）对本级人民政府和工作部门及其工作人员或者下级人民政府违法行使职权，侵犯他人合法权益的赔偿的请求；（6）对本级人民政府及其工作部门职权范围内应予解决的合法、正当的要求的申请；（7）依法应当由人民政府及其工作部门受理的其他信访事项。其中对"本辖区"的界定就是对属地原则的具体规定，而"本级"既是对地域管辖的规定，也是对级别管辖的具体规定。

从我国信访制度的属地管辖权设置历史来看，信访制度的属地管辖权经历了从无到有，从特殊到一般的发展过程。1995年的《信访条例》并没有规定属地管辖原则，而是将"分级负责、归口办理，谁主管、谁负责"的层级管辖权作为信访工作的基本原则予以规定。这一原则的规定与当时的社会经济发展有着密切的联系，是适用计划经济体制下的以"条"和"块"为主的管理模式。这里的分级体现了纵向上官僚科层的级别管辖原则，而"归

[1] 第20条：信访事项涉及多个地区的，由所涉及地区的公安机关协商管辖。对管辖权有争议的，由其共同的上一级公安机关指定管辖。

[2] 第21条：上级公安机关认为有必要，可以直接受理由下级公安机关管辖的信访事项。

口”则体现了横向的管辖分配原则。“条”和“块”是行政管理体制的一种形象比喻。“条”是指地方部门和系统，“块”是指地方党委和政府。计划经济时代，行政管理以“条”为主，改革开放以后，中央下放了许多权力，改变了长期以来权力过于集中的格局，行政管理变为以“块”为主。鉴于此，新的《信访条例》将“分级管理、归口办理，谁主管、谁负责”之原则修改为“属地管理，分级负责，谁主管、谁负责”之原则（赵威，2010）。坚持属地管理、分级负责的立法不仅有利于方便信访人信访，确定信访事项的处理主体，也有利于提高行政信访事项的办结效率，对促进法治信访、建设责任政府，维护国家社会生活管理秩序起到积极作用。通过“属地管理、分级负责”建立适用市场经济环境下中央地方合理分权的行政管理模式，能够强化地方政府在处理信访事项中的主导作用，有利于加强地方政府的工作责任。在实践中，各级地方政府都在努力实现反映的信访问题“小事不出村、大事不出镇、重大事项不出县”工作目标，做到基层问题基层解决处理，避免矛盾大量积聚加重中央信访部门的工作负担。如果基层矛盾不在基层解决的话，不仅会影响国家机关工作的正常运作，也会对国家的社会秩序和国家的管理秩序造成一定影响，甚至对国家政权造成威胁。因此，这个原则强调信访问题发生在哪里，就由哪一级政府来管辖，强调问题解决在基层，解决在萌芽状态，解决在信访问题发生地，即信访问题的属地和管辖地（赵威，2010）。

我国《信访条例》第 4 条明确规定：“信访工作应当在各级人民政府领导下，坚持属地管理、分级负责，谁主管、谁负责，依法、及时、就地解决问题与疏导教育相结合的原则。”这一规定坚持一个重要原则就是属地原则，是信访管理权力划分的基础，属地是分级的基础，而分级负责则是属地管辖的表现形式，具有重要的政治意义和法律意义。首先，属地管辖原则不仅确定了信访行政的主管部门，而且确定了行政主管部门的权力运行边界和范围。信访的属地管辖权的基础来自于行政权力的地域范围。任何一种行政权力的运行都是在一定地域和空间内进行的，地域是权力运行的自然空间，政府权力的分配在既定空间内进行，超出一定的空间领域行使权力，就会产生违法性问题和无效性，从这种意义来说，属地管辖权是信访行政机关权力运行的边界和范围。其次，属地管辖原则能够确保行政信访程序的顺利进行。按照属地管辖原则实际上就按照行政区域的划分直接找到相应机关的管理部门，这种管理部门的确立是从纵向上确立一定区域内管理的层级结构，而属地管辖是信访终结的必要前提。如果信访的属地管辖地无法确定，就无法确定信访的办理机关、复查机关和复核机关，那么三级终审制就难以得到实施。从横向来看，属地管辖原则确定了地域内一定级别的信访主管机关，有利于实现案件的受理、移送等程序。最后，属地管辖原则能够及时明确信访行政法律关系的主体责任。信访行政法律关系的主体不仅包括信访行政机关及其工作部门，而且还包括行政信访当事人和第三人，管辖权的确定不仅能够使各级工作部门和人员各司其职，各就其位，高质量、高效率完成承担的各项任务，不得有失职、渎职等行为，严格依照法律法规行使权力，而且还能够明确信访当事人的信访义务，做到不违法上访，在既定的信访程序中去维护自身的权利，遵守当地的风俗习惯和工作秩序，确保信访工作顺利开展。

因此，信访属地管辖原则的确立是一个综合、复杂的考量过程，不仅要考虑到历史传统、法律现状、社会经济文化的发展，更要考虑到案件自身的特殊性。可以说，强调根据信访问题的性质，确定信访问题管辖和处理的层级是属地责任的规则基础，强调“属地管理、分级负责”正是为了适应中央、地方合理分权的行政管理体制，便于信访问题尽快、就地得到解决

二、我国信访属地管辖权的思辨

（一）我国信访属地管辖权面临的理论挑战

马克思主义哲学告诉我们，理论来源于实践，并最终通过实践的检验才能成为真理，但是任何真理都是绝对和相对的统一。同样，有关信访管辖权的理论是从我国的实际情况出发，并合理地吸收和借鉴国内外先进理论和实践总结出来正确的理论，在历史发展进程中曾发挥过积极的作用，但是随着社会的发展和人类认识的提高，管辖权的理论面临的挑战主要体现在以下

几个方面：

1. 属地管辖的狭隘化

实际上，法律的属地性并非源于主权者的有限的权力，而是来自作为私法之源的人民的地域性。属地管辖原则是地方政府行政权力所及的领土范围的直观反映。但是在古老的国际法中，属地管辖原则实质上是指住所地、物之所在地、行为地以及法院所在地等因素，本质上都属于地域性的，即使按照现行法律的属地标准规定，住所地、居所地、诉讼原因发生地、可供执行财产的执行地、诉讼标的物所在地等连结点也属于属地范畴。在信访实践中，各级信访部门“属地管理”，强调了地方政府在处理信访问题特别是源头预防中的主导作用。对“属地管理”有两种不同的理解：一种是以信访人户口所在地为划分标准，另一种是以信访问题发生地为划分标准。原来认定信访问题属地，大多以信访人户口所在地为准。随着人口在不同地域之间流动频率和流动数量的不断提高，现在大多数以信访问题的发生地为责任属地（黄灵辉、聂军，2014）。按照现代法律的一般规定理解，所谓的属地包括住所地、居住地、经常居所地、信访事项发生地、物之所在地、人身自由被限制地及不动产所在地、信访工作单位所在地等，其中信访事项发生地不仅包括信访事件行为发生地，而且还包括信访事件结果发生地。因此，仅从户籍所在地或者信访问题发生地去进行简单的判断属地管辖权是不够充分的。

2. “属人”与“属地”的冲突分析

在国际法中，属人规则的历史可追溯到13世纪巴托鲁斯的法则区别说。属人原则是在涉外民事关系中以当事人的国籍、住所、惯常居所地为连结点调整当事人身份和能力的系属公式。1804年《法国民法典》最先确定以国籍为连接点的属人法原则。几乎自国际私法诞生之日起，“属人原则”与“属地原则”之间的关系就日趋紧张（李良才，2012）。

实际上，信访制度中管辖存在属人原则和属地原则的冲突问题，这种冲突是一种国内管辖权的冲突。美国法理学家博登海默曾指出：在冲突法领域中，有关公平和正义的一般考虑，在发展这一部门法的过程中起到特别重大的作用（埃德加·博登海默，1999）。冲突正义与实质正义是相对的，在信访法律冲突中，属地原则并不能完全涵盖管辖权的所有，甚至在某些时候，完全按照属地原则会违背实质正义的基本精神，造成更大的不公平。冲突正义的实现是以管辖选择规则为手段使之得以实现（李良才，2012）。正如萨维尼在分析关于人的身份与地位的本座法时指出：一个人是否有权利能力和行为能力，根据其住所所在地的法律来作出决定可能是唯一的一种方法（萨维尼，2002）。一个人的国籍和户籍是确定一个人身份的重要方式，通过身份证去确认人的住址和户籍所在地，从而找到相应的管辖权的行使机关，然后按照地域的管辖权行使信访管理权，实际上，这种方式的本质上是属人原则，因为任何一个人的活动和发展空间都是在一定的地域空间内进行的，如果行为人在信访案件发生之后迁往一个与信访案件不相关的地方，那么发生信访事件后强行让后迁入地的机关管辖，显然不具有合理性，因此，通过户籍的判断最终要回到住所地。尤其是在当今社会，随着迁移的便利性，当事人的户口在很大范围内可以随着住所或经常居住地而改变，当事人的户籍或国籍从本质上说是按照属人原则进行，住所具有不确定性，而户籍具有确定性，但是这种确定性会造成更多资源的浪费或者由于这种教条式的遵守而使案件长时间得不到解决，正义得不到彰显。另外，由于历史的原因，在实践中也存在一个人具有双重户籍的问题，这种情况不可避免。而这种属地究竟是户籍所在地、住所所在地，还是经常居住地？在信访实践中很难找到一个合理的解决方案。

3. 属地管辖的单一化

信访属地管辖通常以信访当事人的户籍地和信访事情发生地去判断有权管辖的信访机关和工作部门，从而确定管辖权的层级，从理论上应当不存在问题。但是在实践中，属地管辖存在单一化理解，如把属地管辖单一归咎为信访的初始地。

（二）我国信访管辖权的立法问题

我国的《信访条例》有关信访的管辖权规定仍有待细化：一是有关跨地域管辖问题。诚如本文指出，《信访条例》对属地管辖权的规定较少，只简单规定属地管辖原则，不仅对于何谓属地、属地的判断标准没有具体规定，而且对于跨地域的行为如何适用属地原则也没有作出明确规定，信访属地管辖原则的法律依据很难去把握，而在实践中操作的复杂性可能会遇到更加复杂的问题。从《信访条例》第24条和第25条的规定来看，第24条规定："涉及两个或者两个以上行政机关的信访事项，由所涉及的行政机关协商受理；受理有争议的，由其共同的上一级行政机关决定受理机关。"第25条规定："应当对信访事项作出处理的行政机关分立、合并、撤销的，由继续行使其职权的行政机关受理；职责不清的，由本级人民政府或者其指定的机关受理。"二是对有关地域管辖的例外情形没有作出规定。例如，信访制度作为一种申诉、复议、诉讼之外的制度，对于涉诉案件的信访案件和对于一些涉及不动产的案件，从目前现有的《信访条例》规定来看，还没有作出规定。实际上，这些管辖权的案件在《行政诉讼法》中已经明确规定，例如对于限制人身自由提起诉讼的管辖权和不动产的规定。三是对有关互联网行为的涉及人数众多的集体上访案件缺少相关规定。尤其是实践中无法确定管辖权的案件，到底该由谁来负责，例如互联网非法集资案件，一些重大社会影响、形势紧迫的案件，尤其是涉及本地区或信访部门的管辖权的案件，如果按照属地管辖原则，势必得不到及时、有效的处理和解决，难免就出现管辖权的积极冲突或消极冲突。受理机关如何解决这些冲突以及如何变通作出处理，仍缺乏相应的法律解释或法律规范。我国《信访条例》规定"有权处理机关"，但是在实践中却很难去判断，因此，对这一有权处理机关都在作不同程度的变通，例如，《信访条例》的第24条规定：涉及两个或者两个以上行政机关的信访事项，由所涉及的行政机关协商受理；受理有争议的，由其共同的上一级行政机关决定受理机关。《甘肃省信访条例》第26条和第28条固定了共同管辖、协商管辖、指定管辖以及管辖权的移送等，都竭力为属地管辖单一性原则寻找新的突破点。四是针对外国人和无国籍人的上访问题也没有确切的法律规定，以上都是信访立法急需解决的事项。

（三）我国信访属地管辖权的实践挑战

属地管理原则是适应新的行政管理体制的需要，强调根据信访问题的性质，明确各级党委和政府及其职能部门在处理信访问题中的责任。通常处理信访问题主要有三个方面的思路：首先，对于非垂直管理系统信访问题的处理，依据信访问题的性质，以属地管理为主，先“块”后“条”。即由信访问题发生地的单位和政府负责协调处理。信访问题发生后，再确定“条”；其次，对于垂直管理系统信访问题的处理，以“条”为主，由该垂直部门负责处理。信访问题发生后，首先按照信访问题的性质确定主管部门，由主管部门根据情况直接处理或交由直属部门处理；上级非垂直管理部门在信访问题处理过程中，负有咨询、指导、监督等职责。上级非垂直管理部门虽然不能对下级单位和政府及其职能部门作出直接处理意见，或直接纠正其错误做法，但在信访问题处理过程中，应积极主动做好相关工作。

1. 涉及跨区域性管辖的典型案例

（1）江苏省宿迁市宿豫区侍岭镇姚塘村夏某某进京重访案例

1999 年夏某某在西安务工腰部受伤，经西安市莲湖区法院判决，对其进行一次性赔偿 3 万元。因不服法院判决，自 2000 年起，夏某某多次到陕西各级法院上诉，要求重新判决。2012 年以来多次进京到最高法院和国家信访局上访反映西安中院、陕西高院、最高法院不作为，要求纠正错误判决，享受工伤补助。

（2）朱某某代其姐姐赴省信访局要求提高拆迁补偿标准案例

朱某某家住南京市鼓楼区江滨新寓，2018 年赴省信访局上访，反映其姐姐和姐夫家（家住江苏省宿迁市宿豫区陆集镇桃园村）房屋拆迁补偿标准太低问题，尽管其姐姐已经签订拆迁协议并且拿到 17 万元补偿款，但其认为补偿标准太低，请求提高补偿标准。

（3）上海市杨浦区邱某某网上投诉宿迁市宿豫区顺河镇拖欠工程款案例

家住上海市杨浦区的邱某某网上投诉，称其在 2014 年参与江苏省宿迁市宿豫区顺河镇园区建设规划与建筑设计，交付图纸完成工程后，顺河镇对却其欠的 249.24 万元费用长期不予支付，因此其多次网上投诉，要求支付该费用。

（4）徐州市王某赴中组部要求提高工资待遇案例

家住徐州市的王某曾是事业单位的正式员工，现在北京长期与儿子一起居住。1996 年响应单位的号召离岗创业，至今享受单位发放的最低生活津贴。其多次赴中组部上访要求提高待遇，恢复事业单位身份。地方官员多次赴北京接访，对其反映问题至今无法从根本上给予解决。

2. 案例分析

以上的案例实际上反映的是一个跨区域性的管辖权问题，不仅有的人居住地和户籍所在地分离，而且住所地和信访事情发生地分离，甚至信访代理人与信访人之间分离，如何有效地解决这些跨区域性的管辖权分离绝不是一个信访部门就能解决的，需要信访部门与跨区域性的多个部门之间进行协调，但是信访部门是否有权对这些跨区域性的信访案件进行直接处理？实际上这里不仅涉及信访部门的级别问题，还涉及信访部门的权限问题。针对以上跨区域性的信访案件，从国家层面来说还没有明确的法律依据，各信访部门只能努力地去协调确保不出现问题，但是很难依靠职权从根本上给予解决。通常情况下，根据信访案件不同的性质采取不同的方式方法，例如，针对跨区域性的案件，在非上访阶段，通常按照户籍所在地管辖，而正常上访则由信访案件事发地进行管辖。同一省内的跨区域上访事件一般层报省里，由省里统一解决，地方负责维稳，但是跨越省级的案件还需要中央统一协调解决。可以说，目前实践中的做法尽管能够起到一定的效果，但并不能从根本上解决问题，因此，信访管辖权的问题亟须进一步进行明确。

三、域外有关信访属地管辖权的立法实践

不同的国家，由于历史、制度和文化传统等多种因素的不同，其制度的设立也不同，因此，有关信访的制度的规定也不相同。在国外，有关信访的制度规定并不一致，由于法系的不同和法律传统观念不一致，其在管理制度的设计上也不相同。澳大利亚有关信访的制度主要体现在《1976 年申诉专员法》中，尽管该法没有像中国的《信访条例》一样明确规定属地管辖原则，但是该法明确规定适用的地域范围，第 3 条解释中规定该法遵守法

律、澳大利亚首都领地条例、圣诞岛领地条例和科科斯群岛领地条例，但不包括《1979 年诺福克岛法》、《1978 年北领地自治法》及诺福克岛、北领地法。从该法适用的范围来看，《1976 年申诉专员法》对人的管理也作出相应的规定，其中第 3 条（7B）款规定："为本法规定之目的，提及州申诉专员时：(a) 该州应当包括澳大利亚首都领地和北领地；相关州法应当包括 ACT 法令和北领地的法令；" 而且在 C 款中对政府部门及其他相应的部门也作出相应的规定，应当包括在澳大利亚首都当地或者《1988 年澳大利亚首都领地自治法》第 3 条规定的领地当局。

德国有关信访的相关规定主要体现在《德国联邦基本法》、《德国联邦议院请愿委员会权限法》和《请愿委员会规范请求和申诉处理规则（程序规则）》之中，《德国联邦基本法》规定人们均有权单独或以联合的方式向主管机关和民意代表机关提出请求或者申诉，联邦议院设立请愿委员会，专门负责处理向联邦议院提出的请求和申诉。但是请愿委员会只受理联邦议院职权范围内，涉及联邦政府、联邦政府行政部门、联邦层面监督范围内的行为或包含联邦或欧共体立法等方面的意愿请愿书。可见其对管辖权的规定主要体现在法律的适用范围方面，对具体的管辖也缺乏相应的法律规定。

《俄罗斯联邦处理公民信访程序法》鲜明的特色就是明确规定了对外国人和无国籍人士上访的法律适用问题，该法第 1 条中规定该法的适用范围中不仅规定了本国公民上访应按照联邦性法律除了该程序法，应按照联邦性宪法和其他联邦法律规定程序处理的信访除外。该联邦法规定的处理公民信访的程序适用于处理外国人和无国籍人士信访的法律关系，俄罗斯联邦签订的国际条约或者联邦法律规定的情况除外。

综上可知，从世界范围内来看，有关信访属地管辖权的规定目前还缺少相应的法律支撑，需要进一步明确和规范，有关信访属地管辖权的问题还需要进一步研究和探讨。

四、我国信访属地管辖权制度重构的建议

任何一种制度的设计绝非偶然，必然包含着其内在价值与外在价值的

统一，要体现着社会历史发展的逻辑脉络。罗尔斯曾经指出：一个社会，当它不仅被设计得旨在推进它的成员的利益，而且也有效地受着一种公开的正义观管理时，它就是组织良好的社会（约翰·罗尔斯，1988）。一个社会中总是存在着社会普遍接受的正义观念和原则，每个社会成员在具体情况中又存在着为私人利益着想的正义观念和原则（朱莉，2008）。信访管辖权的重构本身就存在一种冲突的正义，无论这种正义是形式的还是实质的，潜在的还是显性的，必然包含着各种利益的诉求，实际上这种制度的设计也就是利益之间的权衡，力争达到一种最佳状态。

（一）信访属地管辖权重构的立法建议

1. 加快信访制度方面立法，明确信访管辖权的法律地位

随着依法治国的有序推进，加强信访立法是促进信访管辖权制度建立的必要手段。因为每种国内法律制度都要满足两种基本需求，它们是维护社会秩序不可或缺的，即规范人的行为及和平解决争端。当前我国的《信访条例》的效力层次还比较低，适用的范围还比较窄，因此需要上升到法律层次，早日把信访工作纳入法治轨道上，实现信访工作的法治化。

2. 对属地管辖权的概念、标准进行明确界定

针对属地管辖权的概念模糊、标准不统一、狭隘化等问题进行重新讨论，多征求相关部门和专家学者的意见，对属地管辖权进行重新界定，从属地管辖的内涵和外延进行解构，结合行政信访的本身的特征，合理地吸收和借鉴司法管辖权制度，力争做到界定适当、合理，而且具有可行性。

3. 补充有关管辖权立法的内容

针对当前《信访条例》中欠缺的内容进行适当的补充，可以适当补充有关互联网情形下的群体信访法律规定，尤其是涉及跨区域性的信访问题如何处理的规定。另外，必要时可以增加涉外人员上访问题的法律管辖权的适用问题，针对外国人、无国籍人士的上访问题也应当予以明确。

（二）信访属地管辖权规则的重构

1. 坚持属地管辖原则为主，构建多边管辖权机制

正如前文所说，属地管辖原则在一个国家的管理体制中占有重要位置，

具有一种天然的正当性和合理性，因此，我国的信访管理制度应当仍旧可以以属地管辖原则为主，适当的以其他管辖权为辅建立多变的管辖权制度。不过这里需要重点考虑两个方面复杂的问题：一是属地管辖权如何确定属地，必须有一个明确的态度或者标准；二是多边的管辖权原则如何构建问题。第一，对于属地如何来认定。通常认为是上访人的户籍所在地，但是对于一些外国人或者无国籍的人上访该如何解决？显然，《信访条例》没有作出相应的规定，即使是按照户籍所在地，也可能造成资源的浪费，产生更多的不合理问题。因此，这种属地的判断标准必须具有可能性和可行性，而且符合公正公平原则。第二，多边性的管辖权如何构建问题是一个复杂的问题，实际上也是在对属地管辖的进一步阐释和具体化，例如可以在信访管辖权中明确规定不动产纠纷的管辖地、被限制人身自由的所在地[1]、公司或单位的注册地管辖[2]等。

2. 以密切联系原则为补充，构建多重利益保障的管辖权机制

最密切联系原则又称最强联系或重心中心原则，是指信访主管部门在确定信访案件的管辖权时应当权衡与信访案件和当事人有关联的因素，从中找出最密切联系的因素，从而找出具有管辖权的机关或部门。密切联系的观念产生是科技和生产力变革发生的必然结果，伴随着社会交往的日益频繁，整个社会已经不再受地域的严格限制，尤其是网络社会的发展，连结点日益增多，依靠传统的地域限制已经不能适用新形势发展需求。不仅要考虑主体及其相关因素，而且还要考虑与信访反映的事实相联系的各个因素，以及对行为的实施和结果的发生相关的因素。考虑到客观连结点的平衡和主观连结点的平衡。具体要遵守两个标准：一是客观标准，即在确立信访管辖权时要确定客观的连结点，由信访主管部门根据信访案件的整体情况来确定最密切联系点；通过对有关的客观连结点在数量上和质量上的比较来确定最密切联系地。二是主观标准，即信访主管部门根据利益分析，通过信访案件所涉及

[1] 例如 2009 年 6 月，连云港市的一位退休老教师到卫生部信访处反映其被原淮阴市的精神病医院强制医治的信访问题。

[2] 例如“e 租宝”非法集资事件可以由公司注册地的信访主管部门进行管辖。

的国家和法律背后所体现的政策和利益的比较来确定密切联系地（周晓明，2009）。当然这两种标准都有各自利弊。所谓利益分析的方法是指通过对案件所涉的各主体，尤其是双方当事人的利益进行比较和权衡的方式去寻找使信访法律关系所涉及的各种利益能够得到最大的发挥的法律。考虑到个人利益、社会利益和国家利益，密切联系理论的本质在于软化传统冲突规则的硬性连结点，增强法律选择的灵活性与适用的适当性和灵活性（董作春，2001）。密切联系作为一个开放的连结点，为信访主管部门在具体案件中力求适用于案件有关的管辖权，实现整体利益最大化。

3. 以意思自治为导向，充分尊重信访人的信访管辖选择权

意思自治要求上访当事人在一定条件下自主选择管辖机关，上访人只能在法律规定的连结点范围内作出选择，这种连结点必然是与要处理的信访案件有直接的密切联系，而且有权管辖机关能够通过某种联系直接或间接处理案件。例如，在垂直管理机关中，上访人可以直接寻求上级机关去处理，当然，上访当事人也可以找同级的信访部门去处理，一旦上访当事人选择某个信访问题处理机关，不得随意变更，由一个部门统一负责处理。另外，意思自治要求信访人在选择时具有一定的可能性，当信访人反映的问题涉及多个部门或不同的区域管辖时，上访当事人也可以选择其中一个具有管辖权的机关来处理，一旦选择后，不得随意变更。首先，上访人的意思表达要具有真实性，是信访人真实意思表达。反映信访人真正向通过某个信访机关来解决问题；其次，这种意思表达必须建立在一定的认知基础之上，即使在信访时不明确，一旦接受信访工作人员告知，当事人就具有选择的权利，一旦作出选择，就意味着已经明确信访问题带来的法律后果；最后，这种意思表示是基于自己的主观意愿，而不是被动的、受到强制性的选择。尤其是在一些跨区域性的案件中，涉及众多人数参与的案件中，当事人到某一个机关去上访应当是主观认定的，而不是受到别人的胁迫。我国的《信访条例》在当事人的选择问题上没有作出相应规定，事实上，通过当事人的意思表达去选择有权管辖的机关，并不是对属地管辖权的限制，相反更加促进规范化管理，一旦突破了管辖权的障碍，当事人就可以在解决问题上自己去权衡利弊。

参考文献：

陈慈阳，2005，《行政法总论：基本原理、行政程序及行政行为（第二版）》，翰芦图书出版有限公司。

黄灵辉、聂军编著，2014，《当代中国信访制度》，知识产权出版社。

姜明安主编，2007，《行政法与行政诉讼法》，北京大学出版社、高等教育出版社。

李良才，2012，《欧美国际私法理论的晚近发展研究》，湖南师范大学博士学位论文。

刘懿彤，2017，《国际民事诉讼管辖权与和谐国际社会构建》，中国人民公安大学出版社、群众出版社。

赵威，2010，《信访学》，辽宁大学出版社。

周晓明，2009，《论冲突法中的最密切联系理论》，武汉大学博士论文。

朱莉，2008，《管辖权、法律选择方法与规则的经济学分析》，法律出版社。

（美）埃德加·博登海默，1999，《法理学：法律哲学与法律方法》，邓正来译，中国政法大学出版社。

（德）萨维尼，2002，《现代罗马法体系》（第8卷），法律出版社，转引自李双元：《国际私法》（冲突法篇），武汉大学出版社。

（美）约翰·罗尔斯，1988，《正义论》，何怀宏、何包钢、廖申白译，中国社会科学出版社。

董作春，2001，《最密切联系原则本质初探》，《学术论坛》第2期。

新时代基层检察机关信访工作研究
——以B市D区检察院为参照

□ 高小勇　原佳丽　凌志敏 *

摘要： 为强化基层检察机关信访接待工作，更好地为人民群众纾困解难，需要深入分析研究当前基层检察机关在信访接待过程中存在的问题，并研究提出解决对策。本文通过实地调查和统计调查相结合的方式进行调研，在调研过程中，笔者发现当前基层检察院信访工作存在接访模式不健全、司法便民机制不完善、解决机制不完备等问题。因此，检察机关信访部门应当主动转化观念、强化诉源治理能力、主动服务经济社会发展、强化队伍建设，切实提升检察工作效能，从而助推市域社会治理现代化。

关键词： 司法便民　溯源治理　释法说理　信访积案　办案质效

民心是最大的政治，信访工作直接对接人民群众，因此信访工作做得好不好，直接影响检察工作的民心向背。检察机关应当强化信访工作，坚持以群众的诉求为导向，以解决人民群众的揪心事为目标，不折不扣做到“群众来信件件有回复”，本文以B市D区人民检察院为例，分析基层检察院在信访工作中存在的突出问题和制度机制瓶颈，希冀提升基层检察院信访工作质效。

一、基层检察院群众信访情况概况

习近平总书记强调，在推进平安中国建设中要树立安全发展理念，要

* 高小勇，北京市东城区人民检察院第八检察部（法律政策研究室）部门主任；原佳丽，北京市东城区人民检察院第八检察部三级检察官助理；凌志敏，北京市东城区人民检察院第八检察部检察官助理。

确保人民安居乐业、社会安定有序，而突出的信访问题说明目前还存在一些社会问题，影响着社会的安定和人民的幸福，影响着平安中国建设的推进。因此，各级检察机关应当对相关信访问题及时进行系统梳理并分析研判，织密矛盾筛查网，画好纠纷解决图，挂图作战，努力实现社会管理向治理转变。

笔者以B市D区人民检察院2019年度受理的信访案件为例进行分析。[1]2019年度，共接待群众来访人次，与2018年相比，增长10.6%，人数下降69.1%。其中，初访与2018年相比，批次增长13.9%，人数下降64.9%；重复访与2018年相比，批次下降13.9%，人数下降43.4%。

在初访批次中，法律咨询类占比5.6%，申请民事行政监督占比2.8%，申请立案监督类占比0.6%，申请开展羁押必要性审查类占比20.3%，反映问题类占比69.8%。反映问题类的初访主要是在案件办理环节，反映的问题主要是申请调取相关证据、申请监督公安机关扣押涉案财物、申请承办人当面听取意见。

在重复访批次中，查询案件进展类占比7.5%，向承办人反映问题类占比7.5%，要求约见承办人类占比56.1%，对答复不满意类占比17.3%。

2019年度，该院受理群众来信数量与2018年基本持平。从来信内容分析，属于侦查监督类占比44.8%，属于立案监督类占比2.8%；属于民事监督类占比21.2%；属于行政诉讼监督类占比1.3%；属于刑事申诉类占比2.4%；属于提交案件意见类占比27.5%。

二、基层检察院信访工作存在的问题及原因分析

从上述数据可以看出，目前群众信访工作主要存在重复访较多、集体访突出，立案监督、民事监督和侦查活动监督占比较大，陈年旧案引发的信访问题明显增多等现象，提交案件意见中多为反映承办人存在接访模式不规

[1] 受疫情影响，2020年信访案件与以往存在不同，不能很好地反映信访案件的特点，因此笔者以2019年信访案件为基数，同2018年信访案件作纵向对比，以期得以较为客观地反映信访案件特征。

范、接待责任不明确、解决机制不完备等问题，这些问题极大地影响了信访接待工作整体质效，因此亟须梳理汇总，并对标解决。

（一）缺乏法治化、规范化的接待模式，制约接访工作公信力提升

规范化的接待模式一方面能够体现接待检察官的办案能力，增强群众认同感和信服力，另一方面体现了程序的正当性，能够减少不必要的纠纷，是解决信访问题"最后一公里"的关键，因此信访问题能不能得到有效解决，接访检察官的职业素质和职业能力最为关键。目前，一些接待岗检察官存在听取当事人意见不到位、释法说理不到位、接待用语简单粗暴等问题，影响了信访接待工作的公信力。根据现有相关法律规定，检察官在办案环节是否应当听取当事人及其聘请的律师的意见没有明确规定，导致司法实践中做法不一，这也导致了群众反映约见承办检察官较难等问题的发生。另外，对于一些涉及家庭纠纷、邻里纠纷的人身伤害类案件，当事人之间本身存在一定的矛盾，在矛盾未化解的情况下，一旦检察机关作出不批准逮捕或不起诉决定，如果没有对当事人充分释法说理，那么便易诱发当事人的不满进而导致上访事件的发生。同时，实践中还存在接访检察官接访态度不当等问题，一些接访检察官在接待群众时不能及时将法言法语转化为日常俗语，表现出散漫的态度，容易引发群众不满。

（二）司法便民机制亟须加强，不同岗位检察官职责范围有待进一步厘清

信息化能够助推检察工作高质量发展，如云南昆明市检察院案件管理办公室推出的"案管小智"，为案件监督管理迈入自动化、信息化提供了思路。在信访接待工作中，目前不少检察机关也实现了信息化接访，如通过建立一体化自助服务模式，将群众预约、检察官接访、意见答复统一于网上一体化办理，实现了群众少跑腿的目标。但在不少偏远落后地区，该自助化模式并未普及，群众就同一问题多次来访的情况时有发生，接访检察官也疲于应付同一事项的多次接访，因此，完善偏远落后地区的司法便民服务系统和硬件设施是当务之急。另外，当前案 - 件比、检察官业绩评价、案件质量评价指标体系等一系列新举措的推行，对检察官提出了更高的要求，现阶段，

就案办案已成过去式，如何将案件办好才是重点，受办案时间的约束，检察官接待当事人的次数和时间必然受限，加上目前法律对于案件办理过程中的接待责任如何区分并没有明确规定，这就导致了司法实践中办案检察官与接待检察官相互推诿、接待质量不高问题的产生。如有承办人认为接待工作属于接待岗检察官的职责，因此不愿意也不积极配合接待工作的开展，而接访检察官由于对案件不了解，在面对当事人的质疑和询问时，不能很好地答疑解惑，释法说理效果差，引发当事人不满。

（三）纠纷解决机制不完备，统一答复口径尚未形成

集体访案件中，涉访群众数量大、情绪激动、涉及面广，处理不当容易引发更大的矛盾纠纷，因此也成为信访接待工作的堵点，而且如果公检法机关在答复当事人时互相推诿，那么上访群众便会在公安、检察院、法院轮流上访，以期对司法机关形成震慑效应，此时引发的社会矛盾会更加激化。因此，面对大规模集体访时，需要公检法机关之间统一答复口径，形成答复合力。如在涉及非法吸收公众存款案件的集体访中，虽然于 2021 年 3 月 1 日正式施行的刑法修正案（十一）对非法吸收公众存款罪和集资诈骗罪的刑期作了修改，但非法吸收公众存款罪的刑期仍要比集资诈骗罪要轻，[1] 由于作为区分非法吸收公众存款罪和集资诈骗罪关键的“非法占有目的”的证据的收集不到位，一旦法院以非法吸收公众存款罪定罪，便易诱发群众集体访，[2] 实践中存在投资人到法院反映对案件定性不满意时，法院承办人并没有根据案件本身的证据情况予以答复，而是以检察院以非法吸收公众存款罪移送起诉为由答复，导致上访群众转而到检察机关上访，造成不同的司法机关因同一案件进行重复答复，浪费司法资源，因此建议公检法机关对于案件的答复严格依照查证的事实和证据进行统一答复。

[1] 如在数额巨大的刑期档次下，非法吸收公众存款罪可判处三年以上十年以下有期徒刑，而集资诈骗罪可判处七年以上有期徒刑或者无期徒刑。

[2] 刑法修正案施行之前，这种情况极为普遍，修正案施行以后，由于刑法不溯及既往，那么依照之前的法律定罪处罚的案件当事人仍有可能上访缠访，因此，这种现象不容忽视。

三、强化基层检察院信访接待工作的具体设想

信访工作是民心工程，如何做好人民群众的“暖心人”、“评理人”，考验着信访接待工作的水平，也影响着检察机关整体的工作质效，因此各级检察机关应当不断强化信访接待工作，转变接待观念，增强为民服务意识，构建多元纠纷解决机制，加强队伍建设，主动服务经济社会发展，切实增强信访内生动力，努力让信访者更信“法”。

（一）强化观念转变，切实构建党和人民的“连心桥”

1. 强化宗旨意识，坚持人民利益至上原则

推动信访工作高质量发展，积极融入平安中国建设，对于促进提升信访工作转化为社会治理效能具有重要意义。群众利益无小事，做好信访工作就是解决了百姓心中“天大的事”，各级信访部门应当坚持面对面接待，点对点落实，在工作中带着感情疏导和化解矛盾，树立“多解决一个问题，就是多为群众办实事”的思想，不断厚植检察工作的群众基础。

2. 强化源头治理意识，建立评估预警机制

根据习近平总书记要求，为推进平安中国建设，在具体工作中要善于把专项治理和系统治理、综合治理、依法治理、源头治理结合起来。具体到信访工作中，各级检察机关信访接待部门应当树立源头治理意识，完善预警机制，可探索建立健全重大决策社会稳定风险评估机制及执法办案风险评估预警工作机制（张建升、莫纪宏、谢鹏程等，2010），严格按照“三同步”工作要求，对办案过程中发现的可能存在重大舆情、信访隐患的案件，如涉众型案件、长期存在矛盾纠纷的案件等，深入分析评估，制定化解处置预案，切实将可能发生的风险隐患扼杀在萌芽状态中。

3. 强化业务分析意识，主动加强业务分析研判

群众信访问题是案件办理情况的晴雨表，反映着办案可能存在的盲点以及优化点，因此各级检察机关对待信访工作应当持开放的心态，正确认识信访工作对于提升司法办案水平、增强办案质效的积极意义，主动强化对案件的分析研判，加强业务分析研判与类案指导，一方面，探索建立“控告申诉＋案件质量评查”联合工作小组，主动对社情民意新动向进行分析研判，

深挖信访案件背后的深层次问题，对于涉及办案规范性、合法性，案件办理结果正当性以及办案人员行为合规性的问题进行着重听取和审查，形成评查报告，由案件质量评查检察官逐案制定解决方案，并由控告申诉检察官执行。另一方面，厘清新类型案件、疑难复杂案件脉络，及时总结处置类似案件的信访经验，并形成类案指引，为类案解决提供遵循。

（二）增强诉源治理能力，构建矛盾纠纷多元化解机制

1. 用心接访，严格履行接访答复要求

7 日内程序性答复、3 个月内实体性答复信访人是最高人民检察院对各级控告申诉检察部门提出的要求，各级检察院闻令而动，纷纷推出系列举措，深化“吹哨报道”改革，信访工作公信力得到大幅提升，人民群众满意度、幸福度不断增强。针对目前已经取得的信访接待成果，各级检察院可探索采取进一步的措施予以强化，如可针对不同渠道设置回复时限，建立答复模板，增加引导语等。

2. 领导干部发挥头雁作用，积极落实检察长带头接访包案制度

领导干部作为关键少数，带头接访能起到密切联系群众、畅通信访渠道、倾听群众呼声的积极作用，因此各检察院应当突出领导干部主体责任，坚持“一把手抓信访”，严格落实最高人民检察院“领导包案化解”工作要求，落实“一把手工程”。建立“检察长带头接访机制”，院领导聚焦疑难复杂案件，与群众零距离接访，切实推动矛盾纠纷化解。建立“重点事项领导干部包案化解机制”，通过系统排查梳理重点信访事项，建立领导干部包案化解工作台账，明确具体领导责任，倒逼主管领导深入一线接待重复访、缠闹访人员，切实发挥关键少数的示范带头作用。

3. 积极开展释法说理，用好公开听证这一剂检察良方

检察机关通过召开听证会，为各方搭建民主公开的交流平台，增加办案的透明度和普法的生动性，减少“神秘感”，让人民群众感受到法律公平正义的同时，使释法说理更有检察温度。如北京市人民检察院制定《关于检察监督案件化办理工作指引》，对公开听证案件办理作出具体规定，努力打造公开听证案件化模式，在该工作指引的指导下，北京市各级检察院积极践

行精准监督理念，对社会普遍关注、涉及当事人基本权益、双方争议较大的案件举办多起公开听证会，提高了司法公信力，充分体现了社会治理的检察担当。

4. 规范案件处置工作，推进信访积案化解，确保信访问题不留死角

群众信访能够反映案件办理的难点，因此，解决信访积案问题就是解决了案件办理的堵点，各级信访部门应当以“敢啃硬骨头”的精神，将信访积案化解作为院重点工作来抓。在全院范围内推行“信访积案化解专项行动”，组织开展涉检信访矛盾纠纷排查工作，逐案排查，对排查出的重点案件、重点人员，要求各部门逐案、逐人制定稳控方案，明确包案领导、责任人，建立信访积案台账，随时掌握信访人动态，及时启动信访风险评估预警机制，及时发现并解决问题，努力使信访问题随办案随化解，防止矛盾沉淀，逐案销号，实现积案清零的预期目标。

5. 注重社会综合治理，合理解决群众信访诉求

一方面，注重发挥社会智库的作用，邀请与案件没有利害关系的人民监督员、政协委员等，参加公开听证、公开答复，让案件在阳光下运行；另一方面，综合采用教育、调解、疏导等方法，充分运用法律、政策等手段，切实完善信访工作体系，正确处理解决群众诉求与维护正常信访秩序的关系，切实做到“四个到位”，真正打通信访案件解决“最后一公里”。

（三）服务经济社会高质量发展，提升社会治理效能

1. 关注重点人群的信访和稳定风险，增强信访应急系统免疫力

各院在具体工作中应当高度重视和排查涉军、涉众、涉疫等重点人群的信访和稳定风险，实时掌握案件进展情况和信访人动态，并有针对性地开展工作。一是逐一排查梳理涉风险点案件，主动与办案部门联系，制定应对预案和联合接访方案等，保证工作效果。二是加强和公安、法院信访部门就相关事项、案件动态的沟通，切实做好风险防范和应对处置工作，可探索建立联动指挥机制，实现平时协调联动、战时应急指挥，平战结合、动态联动（戚小倩、戴兆斌，2020）。三是立足本地实际，研究本地易引发集体访事件的案件，例如涉众型经济犯罪案件、涉互联网犯罪案件、涉毒品犯罪案件

等，可组建防治策略研究课题组，深入一线开展调查研究，形成调研报告，并有效应用于实际接访工作中。

2. 服务保障民营经济发展，提升民营企业经营信心和财富安全感

一是建立民营企业法律服务“绿色通道”，针对侵犯民营企业合法权益的控告申诉等问题，各院检察服务中心可发挥“窗口”服务优势，建立民营企业法律服务“绿色通道”，对涉民营企业控告申诉案件进行一站式快速优先办理。二是探索与工商联签署服务辖区非公企业共建纪要，并共建“服务民营企业检察工作站”。可探索检察机关和工商联合作共建的新路径，为工商联、法律商会、非公企业会员提供服务保障，开展检察职能宣讲会、会员法律咨询日等活动，为民营企业提供种类多样、形式丰富的检察产品，提振民营企业经营信心。

3. 设置律师“绿色通道”，切实保障律师执业权利

各院可专门设立律师执业“绿色通道”，保障律师权利。一是建立律师驻点值班工作制度，对疑难复杂、矛盾冲突较大的信访案件，可利用律师“中间人”“法律人”的角色，邀请律师参与化解。二是利用科技赋能，开通“检察服务中心”微信公众号，设置律师阅卷预约、法律咨询等服务板块，实现律师预约资格网上审查，并采取专人线上值班与线下工作双同步的工作模式，提升律师服务质量和效率。三是建立“微信公众号 + 电话”预约的方式接待律师，律师可以在核准身份信息后电话查询案件进展，也可以在微信公众号上查询。四是规范律师资格审查、卷宗制作的工作标准，有条件的院可实行辩护律师免费刻录卷宗光盘和复印卷宗，条件不能保证的院对于法律援助律师应当提供免费刻录光盘和复印卷宗的服务。此外，针对国内疫情反复的情况，各地检察机关应当建立起跨区域阅卷服务，一方面配合外埠兄弟院异地阅卷，另一方面也要为律师在异地通过当地检察机关阅卷提供服务。

4. 共奏全方位、多元化司法救助“大合唱”，展现社会治理的检察温度

张军检察长指出，要树立整体观念，司法救助工作不仅是控申部门的事，刑事检察、民事检察、行政检察、未成年人检察部门都要行动起来，将

司法救助贯穿于检察办案的全过程。这就要求包括未成年人检察部门和刑事检察部门、民事检察部门等在内的各部门检察官，在办理具体案件过程中，应当树立整体思维，不能满足于就案办案，而是应当深挖案件“背后的故事”，一旦发现有因案致贫、因案返贫、因案增贫的当事人，应当及时启动司法救助程序，做到“应救尽救”“应救即救”，高质量助力打赢脱贫攻坚战。可指派专人受理司法救助案件线索，建立检察机关牵头、协调多元救助主体、综合采取多种救助措施的联动救助机制，切实做到既高质效办理案件，又有效避免当事人因案致贫情况的发生，切实实现办案三个效果的有机统一。

（四）强化队伍建设，切实打造新时期“信访检察铁军”

1. 规范信访案件办理流程，厘清信访接待责任

一方面，进一步规范信访案件办理流程，将诉类事项依法导入相应法律程序办理，对访类事项按照《信访条例》和相关规定办理，建立信访事项案件化办理模式，严格办案流程，规范接待用语，构建专业化、正规化、体系化接访模式；另一方面，针对接访责任不明确，检察官互相推诿等问题，各级检察机关应当及时出台内部接访规范或条例，突出检察官办案主体责任，坚持“谁办案谁负责，谁办案谁普法”的原则，构建“控告申诉检察官接待 + 承办检察官答复”的工作机制，由控告申诉检察官负责接待当事人，在当事人来信来访要求检察官答复时，承办检察官就应当及时答复当事人，建立答复当事人的良性循环机制。

2. 强化内外联动，构建内部职能部门互通与外部公检法联动的工作格局

习近平总书记指出，要创新完善平安中国建设工作机制，形成问题联治、工作联动的局面。因此信访接待工作中，要树立联动意识，积极构建内部职能部门联动和外部公检法联动的工作格局。具体而言，在检察机关内部可建立职能部门互通的格局，将来访案件进行分流，实行首次访与可能引发缠访、闹访相区别的工作思路，对于首次访，建立“检察服务中心接待 + 当事人预约申请 + 承办部门三日内确定答复时间 + 检察服务中心通知 + 承

办部门答复并记录”的工作模式。对于可能引发缠访、闹访的，建立承办部门与检察服务中心提前会商及共同答复机制，就可能引发矛盾的争议点统一答复口径；在外部，可探索建立公检法联席会商机制，案件受理后及时分析可能存在的信访点，向公安机关了解情况，并在案件移送法院后及时通报法院。

3. 建立“检察＋信息化”办案模式，发展新时代“枫桥经验”

习近平总书记指出，推进平安中国建设要继续坚持和发展新时代“枫桥经验”，各级检察机关应当做实服务平台，让人民群众感受到“指尖诉讼”“掌上办事”的便利，真正实现“让数据多跑路，让群众少跑腿”。一是利用“网格＋大数据”模式，拓宽信息渠道。依托互联网、12345 市民服务热线、“接诉即办”平台等，统一接收、办理信访诉求，确保群众诉求有人办、马上办。二是建立“信、访、网、电、视频”五位一体的群众诉求查询反馈系统。确保诉求查询及案件办理网上留痕，实现案件办理过程系统自动预警，确保群众诉求及时得到审查、分流，让信息化真正助力检察办案。三是建立案件信息自助查询系统。确保群众在自助查询系统随时查询案件信息、办理过程、办理结果及相关案件信访诉求，实现办案过程公开、透明，增强检察工作公信力。

4. 健全信访检察官业绩考评机制，高定位推优争先

各级检察机关应当以检察官业绩考评为抓手，严格按照考评指标体系中控告申诉检察官的考评标准，以实体性办理控告申诉案件为基数，计算息诉案件数和纠正案件数，将干与不干、干多干少、干好干差切实区分开来，通过考评将表现优、能力强的信访干部推选出来，形成表率，并发挥其示范带动作用，实现一人带动一团队，一团队带动一岗位，最终带动全部门、全院，形成干事创业的良好氛围。此外，各级检察机关信访部门应当坚持高点定位，树立推优争先意识，激发“敢争第一”的壮志，以全国检察机关文明接待室评比为契机，以文明接待室的标准要求自身，不断增强“窗口”的软硬件设施建设，切实提高控申检察工作的质量和服务水平。

参考文献：

戚小倩、戴兆斌，2020，《推进市域社会治理现代化的新探索》，《群众》第16期。

张建升、莫纪宏、谢鹏程等，2010，《检察机关如何建立健全执法办案风险评估机制》，《人民检察》第13期。

让群众“最多访一次”的蚌埠实践与探索

□ 胡林贵 *

摘要： 让群众“最多访一次”符合中央要求和群众期盼。蚌埠市接待场所规范化建设全面达标，诉访分离和分类处理全面贯彻，智能接访系统深度应用，当天信访当天研究化解机制更加顺畅，为全面推进让群众“最多访一次”提供了现实基础和有利条件。全面推进让群众“最多访一次”必须立足蚌埠实际，强化基层窗口接访，优化领导接访下访，深化复查复核工作，统筹协调、系统推进，努力实现让群众“最多访一次”在蚌埠落地开花、取得实效。

关键词： 最多访一次　基层窗口　领导接访　复查复核

让群众“最多访一次”是国家信访局基于当前信访形势和信访制度改革作出的一项重要工作部署，符合中央要求和群众期盼，是习近平总书记关于加强和改进人民信访工作重要思想的具体体现和本质要求，是信访工作的目标追求、价值取向和努力方向。让群众“最多访一次”符合信访效率原则，能有效节约行政资源，降低行政成本，缩短解决问题时间，提高解决问题效率，避免群众往返折腾，降低越级上访量，更好地维护群众合法权益。

让群众“最多访一次”不能仅仅停留在标语上、口号上，必须要落实到健全的机制、具体的措施、切实的行动上。本文从蚌埠市信访工作实践出发，提出一些具有蚌埠特色的应对之策，努力实现让群众“最多访一次”在

* 胡林贵，安徽省蚌埠市人民政府信访局督查专员。

蚌埠生根发芽、取得实效。

一、现实基础和有利条件

（一）接待场所规范化建设全面达标

蚌埠市高度重视接待场所规范化建设，行动早、标准高、投入足、效果好。市群众来访接待中心候访大厅面积达到300平方米左右，坐席设置较多，通风条件良好，空调配备充足。

中心设安检、咨询、等候、登记、接访和办公等六个功能区。不同区域标识明显、设置科学，能够满足来访接待工作需要。抽调市人社局、市民政局、市住建局等访量大的单位工作人员长期驻中心集中办公、联合接访、就地交办。与市司法局合作，每周四聘请1名专职律师参与市领导接访工作，宣传解释相关法律政策，引导信访群众依法维权。市群众来访接待中心配备了监控、安检、消防、急救、防暴等设备器材，能够及时、妥善处置各类应急情况。设置电子显示屏、宣传栏，滚动播放、广泛宣传信访工作政策法规。设置咨询导访台，为来访群众提供导访服务。针对常见信访问题，分类印制应知手册。开通“绿色通道”，为老、弱、病、残、孕等特殊来访群众提供便利。接待场所卫生干净、环境整洁，能够提供热水、眼镜、纸张、笔墨和急用药物、简便食品等物品。市群众来访接待中心已初具“群众之家”、“信访超市”的雏形，为全面推进让群众“最多访一次”打下了坚实的物质基础。

（二）诉访分离和分类处理全面贯彻

诉访分离和分类处理是信访工作纳入法治化的必然要求，是信访工作规范化的制度保障，也是全面推进让群众“最多访一次”基本前提。新修订的《安徽省信访条例》已将诉访分离、分类处理确定为信访工作的基本原则，因此，只有坚持好诉访分离和分类处理，信访工作才能回归本位，“最多访一次”才能与法治相契合。

诉访分离情况。出台《蚌埠市依法处理涉法涉诉信访问题的实施意见》，市委政法委每季度召开一次蚌埠市委政法委员会会议，专题研究解决重点涉法涉诉信访案件，推动案件化解。定期排查重点涉法涉诉重信重访案件，对于有理访案件进行逐案督办，并将涉法涉诉信访工作全面纳入综治工作考核。每年在全市统一组织诉讼分离宣传周活动，制作宣传板块在全市巡回展出。信访部门对属于行政复议、仲裁和诉讼处理的事项，按照接待不受理、转送不交办、引导不强制的原则转送政法机关处理。目前，全市80%以上的涉诉信访已退出信访渠道，纳入法治轨道。

分类处理情况。蚌埠市始终重视依法分类处理工作，2016年1月，召开了依法分类处理工作动员会启动此项工作，成立了以市委副书记为组长的领导小组，高起点布局、高标准推进，抽调精干力量集中办公。2016年3月底，市依法分类处理信访诉求清单汇编成册，清单汇编共288页1693条，在全省率先实现了行政机关全覆盖。2017年，结合各类宣传活动，向群众发放宣传材料和流程图，广泛开展依法分类处理相关政策宣传。市信访局利用接访的机会，将依法分类处理工作相关政策向群众进行面对面的宣传，通过开展业务培训，进一步提升基层对此项工作的重视程度。市直各单位也积极通过制作宣传册、悬挂横幅等形式进行宣传。2017年全市依法分类处理信访诉求635件，占全市信访总量的5.1%。2018年全市共分类处理信访诉求932件，占全市信访总量的8.8%。2019年全市依法分类处理信访诉求1971件，占比25.38%。2020年，全市依法分类处理信访诉求1665件，占比31.19%，占比逐年稳步提升。

（三）智能接访系统深度应用

2019年9月，按照全省智能接访系统建设统一要求，通过公开招标程序引进智能接访设备，全面升级更新基础设施，实行信访资料电子化，初步实现自助网上信访、满意度适时评价、影像资料集中存档、身份信息自动读取、来访人员人脸识别等功能。2020年1月，智能接访设备正式投入使用，接谈效率大大提高，极大减轻了接访人员工作量。加强群众来访接待中心的示范窗口建设，不断推广智能接谈系统的深度应用，提升接访效能，通过加强远程视频接访系统建设，拓展接访形式，提高接访效率，让信访群众足不出户就能达到走访的效果，避免了往返奔波，基本实现了让数据多跑路、让群众少跑腿。

（四）当天信访当天研究化解机制更加顺畅

2018 年，蚌埠市制定下发了《关于建立当天信访事项当天研究化解工作机制的意见》，通过近 3 年的平稳运行，已成为信访机构和行政机关自觉遵循的行为模式和处理问题的基本准则。基层窗口单位接待受理初信初访后，随时录入信访信息系统，并同时转送交办至有权处理单位，不滞留、不拖拉，日清日结，绝不过夜。对于难以处理的疑难复杂事项当天上报领导研究化解，原则上，领导没有特殊紧急公务，当天拿出初步化解预案或处理意见。该工作机制特别强调领导接访过的突发信访事项必须在当天优先研究化解，不得拖延、过夜，大大提高了及时受理率、按期办结率和群众满意率，蚌埠市信访“三率”考核连续 4 年位居全省前列。该机制已成为让群众“最多访一次”实践的重要制度机制储备。

二、对策建议和探索尝试

2020 年安徽省政府工作报告要求“深入开展信访突出问题专项整治，探索开展‘最多访一次’试点”。省信访局将“最多访一次”创新并细化为“四最”试点，即最多跑一地、最多投一次、最多交一回、最后访一回，使“最多访一次”实践性和操作性更强，极大地丰富了“最多访一次”的内涵，也扩展了“最多访一次”的外延，可以说是信访领域的“供给侧”改革。通过“四最”试点，让群众成为信访工作的受益者、推动者和监督者，倒逼责任单位深化信访制度改革，依法高效解决信访问题，克服形式主义和官僚主义，切实提高群众的满意度和获得感。

省信访局再三强调“四最”试点，不搞全省“齐步走”“一刀切”，这为地方创新性实践预留了足够空间。为确保让群众“最多访一次”取得实效，蚌埠市在全力推动“四最”试点的基础上，立足实际，因地制宜，先试先行，健全完善运行保障机制，找准基点，突出重点，攻克难点，打造亮点，努力在以下几方面寻求更大突破，探索形成可复制可推广的经验，实现信访工作低成本高质量运行和良性永续发展。

（一）强化基层窗口接访，全力推进让群众“最多访一次”

基层窗口接访是让群众“最多访一次”的最前沿，是让群众“最多访一次”的第一道关口和关键环节，直接关系到让群众“最多访一次”目标的实现，是“最多访一次”效果的直接体现，需要抓紧抓实。

1. 强化思想认识，全面提高接访工作质效

习近平总书记指出：“基层是群众信访的源头，又是解决信访反映问题的关键。基层工作千头万绪，广大基层干部长期处于一线工作，为人民群众解决了大量的实际问题。在信访工作中，基层干部应该把好第一道岗。”基层窗口单位要切实担起责、扛在肩，提升站位，克服简单应付、形式主义思想，牢固树立让群众“最多访一次”思想自觉和行动自觉，找准工作中的薄弱环节，采取针对性强的措施，全面提升接访工作效能。创新发展新时代“枫桥经验”，大力加强乡镇综治信访中心和县区群众来访接待中心建设，完善联合接访机制，采取“进门一把抓，随后再分家”的模式，把好关口，有序引导，围绕登记、录入、受理、转送、交办、督办、审核、回访等各个环节，简化工作流程，规范办理程序，缩短办理时限，压实首接首办责任，最大限度提高办理质量和效率，谨防接访程序化建制过于僵化，把让群众“最多访一次”作为衡量接访水平、业务能力和工作实绩的重要标准，努力做到一次性办结、一次性办好，扎实深入做好解民忧、纾民困、暖民心的工作。

2. 完善接访流程，扎实推动示范窗口建设

人民满意窗口示范单位创建也是2020年一项重点信访工作，更是让群众“最多访一次”基础性平台建设的重要内容。要把人民满意窗口建设作为密切党群关系、提升服务能力、创新信访工作的重要举措，努力实现全市信访部门场所智能化、流程科学化、办理精准化、队伍专业化。按照人民满意窗口建设标准，及时补缺补差，补齐短板，加大资金投入，进一步加强硬件、软件配套建设，将群众来访接待场所打造成功能齐全、设施完善、环境舒适的“群众之家”。公布来访接待流程、受理办理流程，建设标准化来访接待大厅，深度运用智能辅助接谈系统，依托现代科技赋能，提高接谈效

率，进一步规范来访登记录入、受理办理各个环节，打造一站式接待、一揽子办理、一条龙服务的“信访超市”。强化联合接访工作，让访量靠前的职能部门进驻群众来访接待中心联合接访、动态入驻、集中办公，并逐步增加进驻单位数量，让群众只进一门、只访一次就能得到有效解决。整合社会力量，把访调对接、律师接谈、心理咨询等整合到来访接待工作中，为群众提供更便捷服务。

3. 强化分析研判和风险防范，夯实基层基础工作

畅通“信、访、网、电”一体化诉求表达渠道，加强风险预警，充分发挥信访在重大决策社会稳定风险评估机制中的重要作用，及时了解、真实反映利益相关方和社会公众对决策事项的意见建议，从源头上预防和减少信访问题发生。聚焦经济社会发展中的热点难点问题，围绕民生领域新情况新需求，及时跟踪社情民意，深入分析信访突出问题，把问题搞透、把原因弄清、把建议提准。坚持和发展新时代“枫桥经验”，加强信访矛盾协调联动、多元化解。积极开展“三级联创联建联评”活动，争创“三无”（无进京越级上访、无大规模集体上访、无因信访问题引发的极端恶性事件）县、乡、村，夯实基层基础，力争做到“小事不出村、大事不出乡、难事不出县、矛盾不上交”。

4. 克服麻痹侥幸心理，持续做好新冠肺炎疫情防控工作

新冠肺炎疫情来势汹汹，全球蔓延，影响深远，常态化防控任务极其艰巨。来访接待场所作为人员密集的公共场所，容不得丝毫松懈，必须把做好疫情防控作为头等大事长期坚持。开门接访的同时，必须积极做好疫情防控工作。要修订应急处置预案，加强进入群众来访接待场所人员的管理，接待场所要保持通风，定时消毒，确保不发生交叉感染，登记窗口切实做好人员登记，确保一旦发生意外能够精准追踪隔离。试行推广在线视频接访，引导信访人坐在家中以网上投诉为主进行维权，尽量避免群众因上访而聚集。积极防范化解“疫后综合征”，对群众反映涉疫情的信访事项，加强转送交办和跟踪督办，认真开展网上抽查巡查，逐一网上答复、逐一电话回访。

（二）优化领导接访下访，重点保障让群众“最多访一次”

领导接访下访工作是做好信访工作、维护群众利益的有效途径和重要抓手，具有良好的示范引领作用。领导接访下访工作是全面推进让群众“最多访一次”的重要保障。全面推进让群众“最多访一次”不是说不需要领导接访下访了，而是对领导接访下访工作提出更高要求、设定更高标准。领导接访下访工作是窗口接访的正常延伸和有益补充，对于让群众“最多访一次”具有重要的保障作用，必须进一步优化完善。

1. 源头初访主动接，减少上行

初信初访解决得好就能有效地减少重信重访。源头初访的有效处置是“最多访一次”的主要内容和基本要求，直接决定了“最多访一次”能否真正落地见效。习近平总书记亲自倡导和亲身实践的“四下基层”工作法，摆在第一位的就是“信访接待下基层”。领导干部对基层初访必须高度重视，坚持源头有访主动接，对于基层工作人员处理不好和处置不了的初访，要结合“四下基层”活动，深入基层一线，主动上前接访，面对面、零距离、实打实，帮助群众解决实际问题，切实防止矛盾激化，争取做到一站式接待、一次性化解，变群众上访为领导“下访”。要强化源头治理，压实基层责任，让初信初访的人感觉到有人管事、有人问事、有地方说事和解决事，真正实现源头防范，有效避免信访矛盾上行。

2. 重要隐患预约接，化解在早

“治未病”是信访工作成本最小、效果最好的理想境界。把源头和基层作为信访工作的着力点，有利于把信访问题化解在早、化解在小、化解在基层。加大对信访隐患的排查化解，对排查出重要信访隐患要明确专人负责，加大人力物力投入，建立定期分析研判和预警升级机制，注重发现苗头性、倾向性隐患。对于基层上报的信访隐患，县区信访部门要主动分析研判，分清轻重缓急，找准症结所在，必要时提前安排县区领导面对面接访或下基层接访，防止矛盾上行。一些重要信访隐患，领导干部要提前介入，主动接谈，把矛盾化解在萌芽状态和初始状态。提示领导到问题多、矛盾大、基层组织薄弱的地方，并推动使其成为领导干部信访工作联系点，更好地找准基层治理中存在的问题，进一步夯实信访薄弱环节，提高信访工作的针对性和有效性。

3. 突发信访随时接，不能延误

当前的突发群体性信访事件都是以非正常手段为表现形式的突发性过激行为，具有明显的过激性、不同程度的破坏性和不良的示范性，但群众要求往往也具有一定的合理性。处理突发群体性信访事件是一项极为复杂、敏感的工作，也是“最多访一次”实践中最棘手、最考验当政者智慧的一项工作。对于突发群体性信访事件，必须高度重视，及时快速处置，坚持宜早不宜迟、宜快不宜慢、宜散不宜聚的原则，组织动员各方面力量全面介入，各县区和有关单位根据领导干部分工，主动上前，靠前指挥，下沉到一线，随时接待有关方面的群众，正面回应群众诉求，及时消除矛盾纠纷，果断处置现场危急情况，避免群众大规模聚集，将问题化解在初始阶段，不能有丝毫延误怠慢。

4. 信访老户反复接，重在化解

信访老户作为信访存量，也不能放任不管，因为信访老户具有不良的示范效应，对让群众“最多访一次”目标的实现具有很强的消解力，必须高度重视。对于进京访、赴省访等越级访老户，要始终作为领导干部接访的重点，坚持解决问题与思想疏导并重，耐心细致、不厌其烦，采取综合性措施，多措并举，同向发力，在“情”字上下功夫、在“帮”字上想办法，用足用活现有政策，想方设法促其息诉罢访，达到化解矛盾、维护稳定的目的。对少数缠访闹访的老户，要敢于亮剑，果断依法处置。

5. 敏感时段天天接，稳在当地

领导干部对此要保持高度的政治敏感性，把敏感时段的开门接访工作当作重要的政治任务抓在手里、放在心上，以身作则、率先垂范，每天都要开门接访、在岗值班，对群众来者不拒，热情接待，有求必应，一盯到底，以有效吸附信访群众，确保做到群众来访随到随接，信访问题及时处理。对于越级进京上访反映问题的信访人，要第一时间安排市、县（区）党政领导干部接访、约访，同时严格落实领导包保责任，接访领导要认真落实“四下基层”要求，有效防止回流和重复访。每逢敏感时段，要抽调专门人员组成督查组，每天对县（区）和乡镇（街道）领导接访情况进行随机抽查，对乡镇和县（区）领导接访不在岗的要及时予以通报批评。

（三）深化复查复核工作，助力推进让群众“最多访一次”

复查复核工作是信访事项法定终结机制，是信访工作的一项基础业务，具有很强的程序性。让群众“最多访一次”是为了畅通渠道，方便群众，更充分地保障信访人合法权益，并不是为了剥夺或限制信访人复查复核请求权。信访复查复核程序是让群众“最多访一次”的法定事后救济途径，是让群众“最多访一次”取得实效的重要检验指标，是对可能存在的瑕疵和不足的纠偏和补正，不能有丝毫动摇和含糊。实现让群众“最多访一次”离不开复查复核工作的助力助推、协同推进。

1. 始终严把“五关”，全面提高复查复核质量

复查复核机构要本着方便信访人原则优化复查复核程序，注重解决问题、化解矛盾，避免信访人往返奔波，提高息访率。一是严把入口关。严格贯彻诉访分离、分类处理原则，坚持法定途径优先，对于应当进入司法程序的坚决不予受理，对于应当导入其他法定程序的诉求撤销复查意见退回重新按法定途径依法处理，同时耐心细致地做好宣传解释工作。二是严把程序关。严格遵守程序性规定，始终坚持把规范办理作为一个硬标准。发挥好分流把关和层级监督作用，把非诉求类信访事项分流到法定途径依法办理。对于事实不清、证据不足、办理不规范、处理明显不当，或未告知信访听证权利等有程序瑕疵的坚决退回重办。同时耐心宣传教育、说服引导，确保不引发越级上访。三是严把期限关。复查复核工作具有较强的期限性，一般应当在 30 天内出具复查复核意见。蚌埠市复查复核程序更为严谨，立案需要呈送市领导审批，出具复核意见也需要市领导审签，市领导工作都很繁忙，稍不注意就会造成期限延误现象。为改变这种状态，复查复核机构在立案呈批表备注栏中明确提示市领导在收到呈批表 5 日内审签。对于牵头复查复核职能部门，附上一份提示单，对办理期限、相关程序和注意事项作出详细说明，并纳入目标考核。四是严把文书关。文书质量是复查复核业务水平的集

中体现。复查复核机构始终坚持“严”字当头、“实”字托底，通过业务培训、跟班学习等方式，文书质量进一步提高，说理性进一步增强。五是严把实体关。事实清楚、证据确实充分，适用法律政策准确基础上，复查复核机构始终坚持诉求合理的解决到位、信访人怨气纾解到位。近三年，蚌埠市复查复核终结案件全部实现了息访。

2. 抓好信访听证评议，搭建平等对话平台

信访听证公开透明、程序严谨、气氛庄重、仪式感强，把道理摆在桌面上，把证据晒在阳光下，有利于促进信访人息诉息访、纾解怨气。信访听证在信访事项办理、复查、复核阶段均可举行，尤其是办理阶段的信访听证更是实现让群众“最多访一次”的非常有效的重要方式，为化解群众诉求类信访事项提供了平等对话、多方参与的平台，值得大力推广。蚌埠市在信访听证中积极探索，按照有利于化解信访矛盾的原则，除由行政机关负责人担任听证主持人外，多次邀请市政协委员、专职律师主持听证会，均化解了矛盾，取得了良好的社会效益。为进一步体现信访听证的中立性，确保信访听证取得实效，今后应进一步充实完善听证专家库，扩大人大代表、政协委员、专职律师、专家学者主持信访听证会的比例。

3. 注重合理性审查，切实解决群众合理诉求

“诉求合理的解决到位”是化解信访问题的“金钥匙”，也是全面推进让群众“最多访一次”的基本遵循，可以说合理性原则是解决信访诉求的首要原则。所谓合理，就是合乎理性、合乎规律，符合立法目的、符合公正法则，符合公众预期，客观、恰当、适度，不偏激、不偏颇、不偏袒，符合正常人的思维方式、价值判断和行为准则，能够得到大多数人的认可，既不能违背常理常识常规，更不能违法违规违纪。复查复核工作的重点应放在合理性审查上，对一些法律没有明确规定、政策界限模糊的诉求类事项，通过复查复核、听证评议查明事实、分清责任、定分止争。复查复核机构不能满足于接接转转、报批转办和程序性把关，应克服简单应付和畏难心理，将实体性审查作为复查复核工作的主要追求或主攻方向，把合理性审查作为实体性审查的重点，对复查复核意见全面审查、全面负责，提高说理性和息访率，

找准症结所在，明确化解路径，千方百计解决群众合理诉求。

综上，强化基层窗口接访、优化领导接访下访、深化复查复核工作是信访工作的三个重要方面，也是让群众“最多访一次”三项重要检验指标和运行保障机制。但是全面推进让群众“最多访一次”包括但不限于这三项工作，信访干部队伍建设的加强、网上投诉渠道的畅通、督查督办的强化等工作，也都发挥着重要的保障作用。总之，让群众“最多访一次”是一项创新工程、系统工程，需要信访系统全员参与、多措并举、统筹推进，也离不开党委、政府各部门的大力支持与配合。信访系统尤其需要立足自身实际，坚持问题导向，找准薄弱环节，全面整合资源，统筹协调推进，切实增强让群众“最多访一次”工作的前瞻性、针对性、操作性和实效性。

探索与思考

关于涉诉信访法治化治理的路径思考
——以浙江省H市两级法院涉诉信访情况为样本
浙江省H市中级人民法院课题组

法院网络舆情的构成要素、主要类型与应对策略
唐守东

和谐警民关系视角下公安信访的挑战及对策
唐淑臣

关于涉诉信访法治化治理的路径思考
——以浙江省H市两级法院涉诉信访情况为样本

□ 浙江省H市中级人民法院课题组*

摘要：本文选取浙江省H市的实践为研究样本，分析了H市两级法院涉诉信访工作情况，通过成因剖析研究涉诉信访背后的问题，对涉诉信访的法律基础和文件进行梳理，明确涉诉信访的法理支撑和改革方向。结合H市实践和理论指导，探索涉诉信访法治化治理的路径，实现涉诉信访治理机制的不断优化。

关键词：涉诉信访　诉访分离　法治化治理

涉诉信访作为一种维护权益、解决纠纷的手段，意在我国社会结构迅速变革、利益格局剧烈调整的时代背景下，能够有效维护公民权利，畅通群众利益救济渠道，及时化解纠纷。为了探索涉诉信访的法治化治理路径，不断完善涉诉信访应对机制，浙江省H市中级人民法院成立课题组，以全市两级法院2015年至2019年的涉诉信访案件为样本开展了专题调研。

一、样本分析：H市两级法院涉诉信访工作实践

2015年以来，H市两级法院涉诉信访工作形势总体向好，特别是2018

* 课题组成员为：
王怡，浙江省湖州市中级人民法院党组成员、副院长；项炯，浙江省湖州市中级人民法院立案庭庭长；沈杰，浙江省湖州市中级人民法院立案庭副庭长；施佳芳，浙江省湖州市中级人民法院立案庭法官助理；苏旭维，浙江省湖州市中级人民法院立案庭干部。

年以来，H 市两级法院以终结无理信访、打击违法上访为抓手，施行初信初访“最多跑一次”改革，持续开展信访积案集中处理和信访秩序专项整治行动，取得明显成效。但仍然存在不少问题和困难，主要呈现以下特点：

（一）涉诉信访形势总体向好，信访数量稳中有降

2015—2019 年，H 市两级法院每年涉诉信访总量不断下降，2019 年的信访总量较 2015 年下降了 47.27%。其中基层法院近五年涉诉信访量下降趋势更为明显，2019 年较 2015 年下降了 61.78%；中院近五年涉诉信访量稳中有降，2019 年较 2015 年下降了 19.93%。涉诉信访治理工作初显成效，呈现了总量大幅下降的良性发展态势。（见图 1）

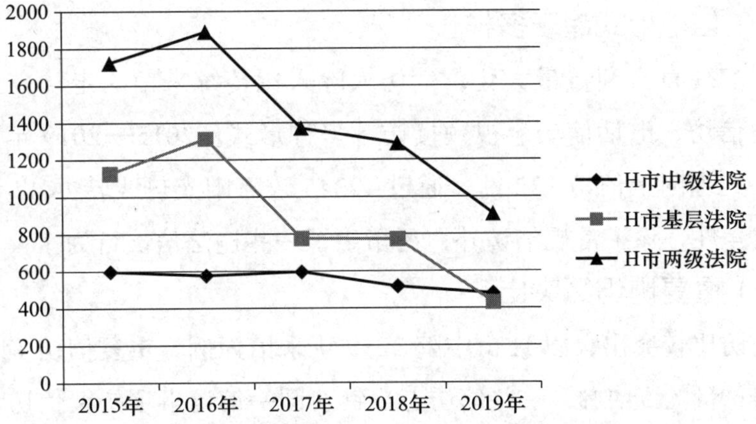

图 1　H 市两级法院近五年涉诉信访案件数量趋势图

（二）执行信访占比较大

执行工作是法院工作的重要组成部分，涉执行类申诉信访在信访总量中占比较大，以 H 市两级法院近五年的涉诉信访数据为例，将涉诉信访按照案件类型进行分类，其中涉执行类占 35.19%；涉民商事类占 25.91%；涉刑事类占 8.58%；涉行政类占 5.16%；其他类[1]占 25.16%。（见图 2）

[1]　其他类主要包括投诉、举报、非诉类信访等事项。

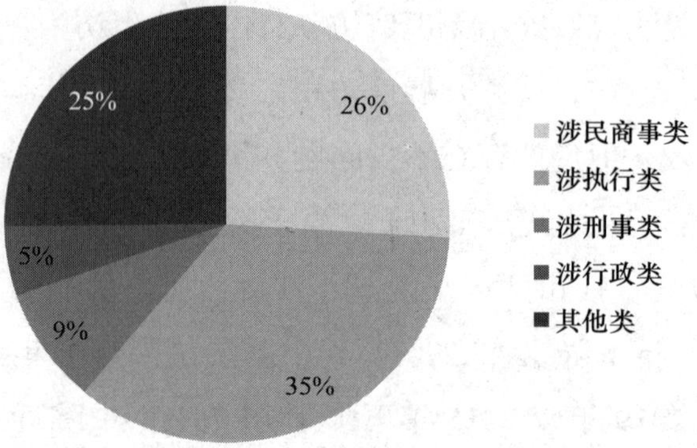

图 2　H 市两级法院近五年涉诉信访案件类型图

（三）信访形式趋于多样

为了实现自身利益最大化，信访人除采用传统来信、走访方式外，还通过网络信访、电话信访、视频接访等多种形式。2015—2019 年，H 市两级法院共处理网上信访 122 件，通过 12345 政府阳光热线转办 47 件，远程视频接访 4 件。除了常规信访外，还衍生了一些违法信访行为。

（四）重复访仍然突出

重复访比较突出，以 H 市中院 2019 年来信为例，重复信访 145 件，占全年来信总量的 54.1%，一些信访老户针对同一信访事项持续信访 3 年以上的有 41 件，还有信访人因同一信访事项向各级人大、政法委、法院等多头信访。同时，信访方式逐渐产生组织性，信访人之间相互交流信访信息，有相同诉求或利害关系的信访人进行有组织、有目的的串联访，并有所谓的“维权律师”参与。

（五）滥诉行为衍生明显

涉诉信访人为实现其信访诉求，存在滥用诉权扰乱诉讼秩序的行为，主要体现在引发大量不予受理或不予立案类案件。此类案件，多为法院已明确告知不属于人民法院受案范围，或引导当事人向相关职能部门寻求解决方案，但当事人仍坚持起诉，最终被法院裁定不予受理或不予立案。H 市两级法院 2015 年处理不予受理或不予立案类案件（包括一审、二审）较 2014

年同期上涨421.69%，呈爆发式增长，此后该类案件数量始终在高位运行。

二、成因剖析：涉诉信访背后的问题

（一）传统政治文化的影响

我国几千年来的封建君主专制，重人治轻法治，司法与行政合二为一。为民请命的清官情节在民众心中根深蒂固，民众信“访”不信“法”。有些问题本来可以通过上诉、申诉等法律途径解决，但信访人并不愿意走法律程序，意图通过信访，期待领导关注或给予批示来解决。重实体轻程序的传统观念中形成了对程序法的忽视，客观上只重视结果，不重视过程，一旦法院依据法律程序作出与他们所相信的情理不符的裁判，即使过程、结果都是合法的，仍难免遭受质疑。对司法文书上告知的权利义务置之不理，导致上诉、申请再审等的权利超过期限而使问题更加复杂，更加难以合法合理地化解。

（二）社会转型期的矛盾升级

目前我国正处于经济政治体制改革的转型期，社会矛盾多发。社会治理方式的转变使过去很多需要通过行政手段解决的事情，逐步改由法律手段来调整，而相应的法律制度尚未健全，此类案件一旦进入法院，如不能有效化解即会演变成涉诉信访问题。当前城镇建设、城中村改造、房地产开发活动不断增多、城乡一体化不断发展，越来越多地影响着广大民众的切身利益，特别是涉及经济利益分配时，矛盾更容易激化。在错综复杂的社会环境下，法院作为化解矛盾的最后一道防线，不可避免地出现各种涉诉信访现象。

（三）信访人法律意识有待提高

相比一般的诉讼当事人，受文化水平和法律素养所限，信访人对问题解决的预期单纯以自身的诉求是否得到解决为标准，或对法律规定不理解或片面理解，加上对法院缺乏信任，往往会提出不切实际的过分要求。另一方面，相对于诉讼，信访门槛低、成本低。在案件审理过程中，诉讼费用的交纳为立案起诉的必要条件，一审结束后，如需上诉，还需要交纳上诉费用。

维权主体多数为经济水平相对较低的群体，考虑到维权成本，他们往往更愿意选择耗费更多时间和精力但经济成本较低的信访形式。涉诉信访就演变为表达诉求最有效、最廉价的选择。

（四）司法质效存在不足

立案登记制实施以来，大量案件进入法院，法院案多人少矛盾突出，一线办案法官手上的未结案少则几十件，多则上百件。少数法官专业素质不高，使一些案件在实体上或程序上存在不同程度的瑕疵，当事人对法院不信任而引发信访；还有少数法官民本意识不强，对待当事人态度冷漠，工作方式简单粗暴，不注重案件的社会效果，导致信访人投诉；也有少数执行法官面对堆积如山的执行积案，不能合理分配工作时间，部分案件不能穷尽执行手段，导致申请执行人信访。

（五）多元化解机制仍有不畅

在深化矛盾纠纷多元化解决机制改革方面取得进步的同时，涉诉信访领域的多元化解仍有不畅。司法是解决社会矛盾的最后一道“关口”，大量原来不属于法院主管的纠纷，因形式上符合立案登记制而进入法院，如涉及城建类行政纠纷、农村土地流转问题、企业改制遗留问题等。这些问题涉及部门多、牵扯面广、政策性因素复杂，涉诉后容易演变为涉诉信访，无法通过法院一家进行化解。针对此类涉诉信访的化解，各解纷主体之间缺乏工作合力，各种纠纷解决方式之间缺乏明确而合理的分工，尚未建立相应的分流衔接规程及配套机制。

三、法理支撑：涉诉信访的法律基础和文件梳理

涉诉信访作为一项脱胎于东方传统法律文化，具有中国特色的政治参与、行政监督和权力救济制度（朱应平，2007），其存在有其特定的社会、历史、文化及制度渊源。推动依法治理涉诉信访，必须明确涉诉信访的法理支撑和改革方向，而这些我们可以从现行法律规定和近年来陆续出台的相关文件略窥一二。

（一）涉诉信访的法律基础

古代中华法系下的司法模式倡导天理、人伦、王法相统一，司法者不仅要决狱断讼，还具有文明启蒙和教化大众的职责。“法无外乎人情”与“清官情节”，鼓励当事人通过上访追求实质正义，这也是当代涉诉信访制度的原始雏形。现行法律体系下，这种传统司法文化虽然受到了严格的限制，但却被巧妙改造后，成为司法救济的一个辅助性机制。

涉诉信访最为直接的合法性法律支撑来自于我国《宪法》第41条[1]的规定。在法规层面，与涉诉信访相关的规范显得异常繁荣，不仅数量庞大，而且几乎覆盖了党政、立法、司法等所有国家机关，形成了颇具规模的大信访格局。其中，最具有权威性的当属国务院出台的《信访条例》，但众多的其他规范虽然在细节上有差别，却大多是以《信访条例》为模板，内容结构或雷同或交错。《信访条例》中直接涉及涉诉信访的条文屈指可数，仅为第15条[2]、第21条第1款第1项[3]等。

（二）涉诉信访的文件梳理

2013年11月，党的十八届三中全会通过的《中共中央关于全面深化改革若干重大问题的决定》中，明确要将涉法涉诉信访纳入法治轨道解决。

---

[1] 《中华人民共和国宪法》第41条：中华人民共和国公民对于任何国家机关和国家工作人员，有提出批评和建议的权利；对于任何国家机关和国家工作人员的违法失职行为，有向有关国家机关提出申诉、控告或者检举的权利，但是不得捏造或者歪曲事实进行诬告陷害。

对于公民的申诉、控告或者检举，有关国家机关必须查清事实，负责处理。任何人不得压制和打击报复。

由于国家机关和国家工作人员侵犯公民权利而受到损失的人，有依照法律规定取得赔偿的权利。

[2] 《信访条例》第15条：信访人对人民法院职权范围内的信访事项应当向人民法院提出。

[3] 《信访条例》第21条第1款第1项：对已经或依法应当通过诉讼等法定途径解决的，行政信访机关不予受理，但应当告知信访人向有关机关提出。

表 1　依法治理涉诉信访代表性文件梳理

发文时间	发文单位	文件名称	要点
2013 年 12 月	中共中央办公厅 国务院办公厅	《关于依法处理涉法涉诉信访问题的意见》	1. 涉法涉诉信访由政法机关处理; 2. 处理要依法、依程序进行; 3. 实现维护民众权益与维护司法权威的统一; 4. 在完善涉诉信访工作机制方面,明确提出实行“诉访分离”、建立“导访入诉”程序、完善信访终结制度、健全司法救助制度等。
2014 年 7 月	中央政法委	《关于建立涉法涉诉信访事项导入法律程序工作机制的意见》《关于建立涉法涉诉信访执法错误纠正和瑕疵补正机制的指导意见》《关于健全涉法涉诉信访依法终结制度的实施意见》等三个文件	目标是解决制约涉法涉诉信访改革的三大突出问题:一是解决入口不畅的问题,确保符合条件的涉法涉诉信访事项在法律程序内得到及时处理;二是解决有错不纠的问题,提出了执法错误、瑕疵认定标准,以及依法纠正错误、补正瑕疵的办法;三是解决出口不畅的问题,防止终而不结、无限申诉,切实维护司法权威。
2015 年 11 月	中央政法委	《关于建立律师参与化解和代理涉法涉诉信访案件制度的意见(试行)》	/
2017 年 4 月	最高人民法院 最高人民检察院 司法部	《关于逐步实行律师代理申诉制度的意见》	/
2014 年 3 月	最高人民法院	《关于进一步推进涉诉信访工作机制改革的若干意见》	继续贯彻落实“四个必须”[1]以及“五项制度”[2],在此基础上,大力推行“诉访分离”工作机制、建立巡回接访督导机制、创新网络信访办理机制等改革举措。

[1] 即“强化群众观念,坚持源头治理,建立长效机制,工作重心下移”。

[2] 即“预防评估、约期接谈、责任通报、多元化解、案件终结”。

续表

发文时间	发文单位	文件名称	要点
2016年6月	最高人民法院	《关于人民法院办理执行信访案件若干问题的意见》	/
2014年1月	最高人民检察院	《最高人民检察院关于进一步加强新形势下涉法涉诉信访工作的意见》	/

上述表格所列举的一系列国家层面的规范性法律文件的颁布和行动的开展，表明我国已经将依法治理涉诉信访纳入了国家重要的议事日程。梳理以上文件的共同关键词可以看出，目前我国依法治理涉诉信访改革的核心在于实现“诉访分离”，建立健全涉诉信访案件的司法导入、终结及导出程序、多元化完善配套解决机制程序。

四、路径设计：依法治理是涉诉信访的发展方向

（一）坚持诉访分离原则

最高人民法院《关于进一步推进涉诉信访工作机制改革的若干意见》中将诉类事项和访类事项明确为“符合法律规定的条件，可以按照诉讼程序解决的诉求，一般包括起诉、上诉、申请再审、申诉等”事项和“信访人诉讼权利已经丧失或者充分行使完毕，仍通过来信来访等形式向人民法院表达意愿，反映与诉讼有关但不能通过诉讼程序解决的问题和事项，或者违反诉讼程序越级向人民法院反映诉求”的事项。实现诉访分离是依法治理涉诉信访的关键，诉类事项应及时导入诉讼程序中，访类事项应按内容分为工作建议、投诉举报、信访事项等，各部门按照职能分工办理。

（二）推行信访“最多跑一次”改革

贯彻落实浙江省委“最多跑一次”改革精神，大力推动涉诉信访“最多跑一次”向纵深发展，推动信访代办制度，切实提高初信初访办理质效。依托诉讼服务中心，对来访进行“一站式接待，一窗口代办，一条龙服务”，落实信访首办首问责任制。派员进驻辖区内区县矛盾纠纷调处化解中心（信

访超市），协同相关职能部门提供一站式信访处理服务。依托12368司法服务热线平台及门户网站，全面畅通在线信访渠道，提供高质量的诉讼咨询、信访投诉、心理疏导等服务，尽可能让人民群众通过电话或网络解决信访诉求，实现信访诉求化解层面的“最多跑一次，最好不用跑”。

（三）深化多元化解机制建设

积极探索将多元化解延伸至涉诉信访环节，发挥矛盾纠纷多元化解决机制的作用。针对法院作为信访对象造成的中立性不足这一问题，积极探索引入律师、公证员、法律工作者、人民调解员等社会第三方参与涉诉信访矛盾化解工作，为信访人提供信访援助，从专业的角度帮助当事人梳理自身的信访诉求，形成化解涉诉信访矛盾的合力，引导当事人从无序访向有序访转变。通过人民调解、律师调解等第三方达成的息诉罢访协议，引入司法确认机制，提高第三方化解信访的权威性，确保涉诉信访处理工作取得较好的法律效果和社会效果。

（四）健全信访终结制度

坚持畅通“入口”前提下，也要坚决避免无限申诉的情形。严格按照“法律问题解决到位、执法责任追究到位、解释疏导教育到位、司法救助帮扶到位”的要求，对于经审查裁判、执行等处理结论正确，释法明理工作到位，但当事人仍反复信访的，全面论证案件处理结论的合法性和合理性，并加强解释教育疏导和司法救助等工作，努力促使当事人息诉罢访。对于司法程序已经穷尽，符合“四个到位”，但当事人仍然申诉控告、缠诉缠访的案件，及时依法申报终结。涉诉信访事项已经依法终结的案件，第一时间向属地党委、政府通报情况，做好移交工作。

（五）持续整治信访秩序

根据习近平总书记对信访工作提出的“三到位一处理”总体要求，即：“诉求合理的解决问题到位、诉求无理的说服教育到位、经济困难的帮扶救助到位、行为违法的依法处理”，其中依法处理本质上就是对违法行为的依法打击。严格区分行为的性质、情节和对社会的危害程度，实行差异化处置。对于缠访、闹访、过激访，可以从民事制裁、治安处罚、刑事打击三个层面进行处理。违法干扰诉讼活动的，法院可以依照“三大诉讼法”关于妨害诉讼的规定，采取训诫、罚款、司法拘留等制裁措施，构成犯罪的，移送公安机关立案侦查。对于违反《信访条例》，在重点地区和敏感部位实施妨害社会管理秩序行为，情节严重的，可以以寻衅滋事，聚众扰乱公共场所秩序、交通秩序以及危害公共安全之类罪名予以打击处理。用刑罚手段威慑那些企图通过违法上访谋取法外利益的“职业上访人”。

五、结语

涉诉信访工作是一项系统工程，必须坚持内外兼修，统筹多方力量，形成工作合力。应该抓紧落实诉访分离、分类处理制度，严格依照《信访条例》落实信访部门与主管部门责任，让行政的归行政，司法的归司法，因主观过错、重大过失或者不作为造成信访回流反复的，必须严肃问责。健全完善涉诉信访“最多跑一次”改革热线通办、窗口代办、依法纠错、救助帮扶、终结稳控、违法处理等“六项机制”，最大限度地化解初信初访；持续开展涉诉信访“清仓见底”大排查、大化解年度攻坚行动，实现“降存量、控增量”的目标，形成良性循环的工作格局。应该严厉打击以信访为名破坏社会秩序的违法犯罪行为，明确区分有理访和无理访、诉求合理性与行为违法性，按照习近平总书记关于“畅通渠道、解决问题、维护秩序、促进稳定”的要求，让涉诉信访进入法治轨道。

参考文献：

朱应平，2007，《行政信访若干问题研究》，上海人民出版社。

法院网络舆情的构成要素、主要类型与应对策略

□ 唐守东 *

摘要：法院舆情是个体或社会群体关于民生性案件、重大贪腐案件、裁判文书质量等中介性司法事项的发生、发展和变化对法院、干警持有的公开和不公开的社会态度、情绪和意见。法院网络舆情的构成要素包括主体、客体及发展态势；主要类型包括司法案件本身、法院或法官不当的司法决策或司法行为以及法院制定和推行的司法解释、工作措施等。针对法院网络舆情的构成要素和主要类型，为有效应对法院网络舆情，应当把握法院网络舆情节点，占据主动引导地位；扩大司法公开程度，减少舆情不当扩大；重视“意见领袖”作用，加强正向引导。

关键词：法院网络舆情　构成要素　意见领袖　司法公开

一、引言

我国互联网使用已较为普及，其已成为现代社会重要传播媒介。互联网传播呈现散布型网状结构，即每个互联网个体都能成为信息的发布者、接受者和传播者，信息传播迅速且覆盖面大，容易形成聚集效应。当前，舆情往往是以互联网为载体得以迅速扩散发酵（姜政军，2017），聚集民众关注和意见，形成新的社会力量。法院作为国家审判机关，依法行使审判职责，

* 唐守东，中国社会科学院研究生院法学博士，天津市人民检察院第一分院检察官；天津市人民检察院案例研究中心研究人员，主要从事诉讼法学、司法制度研究。

关系着每个民众的切身利益，也象征着社会公平正义的最后一道防线，因此，法院一举一动都可能挑动民众的敏感神经，影响社会价值取向和社会关系稳定。

鉴于当前法院对网络舆情的特点与类型存在模糊认知，所以其面对迅速发酵的网络舆情时往往采取消极、被动的方式回应民众。当前关于法院舆情的研究主要集中在定性研究分析舆情管理路径，缺乏对法院网络舆情构成要素、本质、形成和演化机理的深入认识。有鉴于此，笔者认为应当明晰法院网络舆情的构成要素，解构法院网络舆情的类型，进而有针对性地提出应对策略，实现对舆情的科学引导，使其向积极正向的方向发展，这对法院今后工作开展和司法公信力的树立有着现实意义。

二、法院网络舆情的构成要素

舆情从属于舆论，舆论是社会对近期发生的、为人们普遍关心的某一争议的社会问题的共同意见（喻国明、刘夏阳，1993）。而舆情具有政治倾向，系民众针对国家管理者的政治态度（王来华、林竹等，2004）。法院舆情是个体或社会群体关于民生性案件、重大贪腐案件、裁判文书质量等中介性司法事项的发生、发展和变化对法院、干警持有的公开和不公开的社会态度、情绪和意见。法院面对来势汹汹的网络舆情，为避免应对时措手不及，需对法院网络舆情的主体、客体、中介性司法事项有深刻的认识，掌握中国法院网络舆情要素特征，才能有针对性地识别、疏导民众情绪和行为。

首先，从法院网络舆情的主体来看，各法院网络舆情中行为主体不同，利益诉求也不尽相同。虽然舆论场参与主体在不同事件中扮演角色立场不同，但民众易受到外界感染，在法院复杂舆情事件上，会无意识受到其他网络群体直接情绪和碎片化信息的影响，成为舆情的推动者、参与者。根据2021 年 2 月 3 日中国互联网络信息中心发布的第 47 次《中国互联网络发展状况统计报告》可知，截至 2020 年 12 月，我国网民规模达 9.89 亿，从年龄结构上看，20 岁至 29 岁、30 岁至 39 岁、40 岁至 49 岁年龄段上网人数占比较高，分别为 17.8%、20.5% 和 18.8%，高于其他年龄段群体；从学历结构上看，初中、高中/中专/技校、小学及以下学历的网民群体占比分别为40.3%、20.6%、19.3%。从职业结构上看，在我国网民群体中，学生最多为21.0%，其次为个体户/自由职业者，占比为16.9%。鉴于法院网络舆情的特殊性，参照我国的网民结构，可见法院舆情潜在参与者以中等学历的中青年自由职业者群体为主。究其原因，主要是：第一，中青年群体是互联网最活跃参与者，对舆情事件有着强烈的探知和表达欲望，但青年群体也容易在信息碎片化的互联网舆论场上表现出无序化、情绪化和极端化。第二，法律知识理论体系具有一定的专业性，现实中若基于证据规则、法律解释、立法目的等理论作出的裁判文书过多使用法律学术术语，忽视对中等教育水平群体朴素价值认知冲突的释疑，将难以争取多数群体对裁判文书的最大认可。第三，自由职业者群体对社会有一定利益诉求，因此对可能影响其切身利益的法院事件有较高关注度，容易形成规模带动效应。

其次，从法院网络舆情的客体来看，主要为干警和法院本身，干警为法院在编的法官、审判辅助人员、司法警察和行政人员。法院相比其他机关单位具有特殊性，而法官在诉讼构造中处于主体性审判地位，依法行使审判权，具有独立性。以干警为客体的法院网络舆情，其中法官、司法警察因直接面对民众，所作行为涉及事件当事人权益，故易成为社会关注焦点。以法院整体为客体的法院网络舆情，民众通常忽视干警间个体差异，将几名干警的行为或特征予以概括，归属于法院整体，形成对法院整体的负面刻板印象。以法院为客体的舆情，多为刑事案件、社会重大影响案件和干警违法违纪的群体事件等。刑事案件、社会重大影响案件审判结果，多经审判委员会评议所得，由审判委员会对判决结果集体负责，故形成以法院整体为客体的舆情。当多名干警出现违法违纪行为，容易让民众将其归咎于法院存在工作作风问题，并将少数人违纪违法行为标签粘贴至法院每个干警身上，演化为以法院整体为客体的舆情。

最后，从法院网络舆情的发展态势来看，网络舆情的引领者在法院舆情演化过程中起到重要的推动作用，加速了社会情绪、意见和诉求的集聚。网络舆情的引领者类型主要有主流媒体、自媒体和门户网站。市级以上媒体机构作为主流媒体，一般作为社会民意的代表，具有较大的发布量或者较高收视率，在社会舆情引领中有着较大的影响力。门户网站作为向用户提供综合性互联网信息及服务的网站，是多数民众日常资讯的来源。自媒体中存在一些“意见领袖”，频繁在互联网信息平台上对某一事件表达情绪、意见和诉求，并能够对其他民众的价值判断和观点形成产生重要影响。

三、法院网络舆情的主要类型

产生法院网络舆情的事件类型主要包括以下三种：

第一，案件自身具有特殊因素，如涉及群体或民生的案件、官员重大贪腐案件、犯罪行为极端恶劣的案件、典型冤假错案等，易引起民众关注，形成法院网络舆情。比如聂树斌案，从网络舆情上看，聂树斌案在2016年度呈现过两次舆情的高峰：第一次高峰出现在2016年6月6日，即最高人民法院决定依法提审聂树斌案；第二次高峰出现在2016年12月2日，即最高人民法院第二巡回法庭依法宣告聂树斌无罪。聂树斌案的舆情渠道主要集中在微博、网站、论坛、报刊和博客，分别占总量的52.44%、29.92%、11.15%、5.85%、0.64%（林爱珺、林斌斌、杨平，2017）。

第二，法院或法官司法决策或司法行为存在不当，形成法院网络舆情。诸如少数法官制作裁判文书质量较差，存在笔误、措辞或表达失当以及案件审理程序不规范等问题，被媒体曝光后易发展成法院舆情。例如《华夏日报》报道的某法院“空中开庭”事件，原告在公告案件庭审笔录的签字时间与民航调取原告乘坐航班的飞行时间一致，被民众认为系伪造庭审笔录。

第三，法院制定和推行的司法解释、工作措施等，会对民众未来行为预期产生影响，常会引起民众热议。最高人民法院针对法律现实适用过程中存在的具体应用问题作出的相应司法解释，民众结合之前社会热点事件再度形成舆情高峰。

四、法院网络舆情的应对策略

（一）把握法院网络舆情节点，占据主动引导地位

法院网络舆情演化并非不可预测，其分为社会舆情随事件发展至司法阶段自然演化的法院舆情和法院内部事件引爆的法院舆情。社会舆情演化为法院舆情的事件，在法院审判阶段前就已被民众广泛关注，形成过舆情峰值，法院对此类事件需要提前制定舆情应急预案。在社会舆情事件一进入审判程序阶段，法院就需及时向社会通报舆情事件审判进度，主动设置舆情议题、议程，保证信息传播的及时性和权威性，最大限度挤压潜在谣言的生存空间。相较于社会舆情演化的法院舆情，法院内部事件引爆的舆情更难预测，法院应建立舆情预警机制，加强对互联网监测工作，浏览、筛选可能引起法院舆情的线索，分析舆情发展趋势，第一时间介入舆情事件，掌控法院网络舆情演化的各关键节点，积极回应民众争议，逐步实现对舆情的疏导，让舆情沿着正确方向发展并消退。正所谓人民司法不能绝缘于民意，否则其人民性将会丧失（孙彩虹，2015）。当然，人民法院的网络舆情回应也并不是放弃自己的价值坚守而完全迎合网络舆情，而是要在回应的过程中坚守公正的司法立场，坚持正义的价值偏好（张师伟，2020），同时需要避免在敏感案件审理过程中对网络舆情的过度回应。

（二）扩大司法公开程度，减少舆情不当扩大

随着社会快速发展，社会结构及关系发生变化。社会弱势群体因掌握较少社会资源产生的不安全感，容易异化成“仇富”、“仇官”心态。在涉及社会强势群体的法院案件中，民众极易将“仇富”、“仇官”的非理性情绪带入，对法院正常审判工作形成舆情压力。对涉及民众偏见群体的案件，除法定不公开审理的案件外，法院应扩大其司法公开程度，使庭审公开常态化、固定化，用证据客观真实地还原案件事实真相，减少滋生负面舆情的土壤，避免部分民众将其因社会矛盾形成的偏见转移至对审判结果的偏见，进而演化为法院舆情。民众对法院偏见性言论增长，根本原因是法院公信力受到了损害。从长远发展上看，法院需要坚定不移继续深化司法公开，更大程度落实裁判文书、审判流程、执行信息的公开，避免民众因“秘密审判”无

端猜疑，满足民众让审判权力在阳光下运行的诉求。为防止“选择性公开”等问题，人民法院要继续把司法公开工作推向深入，制定司法公开考评奖惩制度。法院对法院网络舆情的及时公开和积极回应，有利于化解民众争议，且通过案件庭审公开及裁判文书基于法理和情理的论证，有助于提高民众的法治意识，形成良好的普法宣讲效果，重塑法院的司法公信力。同时，对于媒体违反新闻职业道德、违反法律纪律的行为，不要一味迁就纵容，要敢于拿起法律武器进行追究（姬忠彪，2017）。

（三）重视“意见领袖”作用，加强正向引导

根据帕累托原理，80% 价值来自 20% 的因子，其余 20% 的价值来自 80% 的因子。互联网信息传播也适用该原理，互联网信息的 80% 来源于 20% 的用户，即主流媒体、门户网站和自媒体中的“意见领袖”。引导好这 20% 的主体，将使法院网络舆情引导工作事半功倍。法院在应对网络舆情时需加强与中央、地方主流媒体及门户网站合作，实现多渠道联合，最大范围迅速发布信息，澄清虚假信息，及时回应民众疑问，增强法院信息影响力。对于自媒体中的“意见领袖”，法院需提供活动平台采取普法宣教的方式加强与“意见领袖”互动，增强“意见领袖”法治意识，提高其舆情引导的责任感。同时，法院应积极运营自身认证的微博、微信和客户端平台，建设专业新媒体管理队伍，利用其丰富的普法案例、专业法律知识等独特优势，把法律专业知识转化为占据互联网主体的中等学历群体易懂的言语，增加粉丝数量，使其发展成官方“意见领袖”，增加法院舆论场的话语权及影响力，实现对法院网络舆情的积极正向引导。

在突发的司法事件或“意见领袖”某一观点在社会情绪、意见和诉求增加的舆情潜伏阶段，法院应及时采取措施控制舆情扩散，避免新增报道信息，降低自媒体转发数量，减少事件的关注度和影响力。法院实施舆情监测工作时，必须同步对法院网络舆情事件开展实体调查，第一时间回应信息发布者。若事件处于一审判决上诉期或具有再审事由，可积极将事件进程引导至司法审判程序，通过合法途径在新的审判阶段针对当事人疑惑充分答疑。若事件属于法院信访事件，可协助当事人将其诉求转入信访程序，并予以答

复释疑。最后，法院将事件调查结果以新闻发布会形式通过权威媒体及时公开，避免事态进一步扩大。若部分法院网络舆情确是法院或法官行为或决策存在失当情形，法院不能粉饰或掩盖事件的发生或一味“护短”，应第一时间对事件采取合法补救措施，依据相关规定对有关责任人予以处理，并正面以温和诚恳的反思态度回应民众，最大程度争取民众谅解，使该舆情能够逐步淡化出民众视野，避免衍生出法院网络舆情的次生危机。

参考文献：

林爱珺、林斌斌、杨平，2017:《聂树斌案的舆情分析及其法治意义》,《当代传播》第3期。

姬忠彪，2017,《法院舆情危机预防和应对的现状与对策研究》,《法律适用》第9期。

姜政军，2017,《信访网络舆情特点及应对研究》,《信访与社会矛盾问题研究》第6期。

孙彩虹，2015,《网络舆情之于司法审判：冲突与优化》,《河南大学学报（社会科学版）》第5期。

王来华、林竹等，2004,《对舆情、民意和舆论三概念异同的初步辨析》,《新视野》第5期。

喻国明、刘夏阳，1993,《中国民意研究》，中国人民大学出版社。

张师伟，2020,《人民法院在自媒体时代敏感案件审理过程中的网络舆情压力及回应机制》,《南宁师范大学学报（哲学社会科学版）》第1期。

和谐警民关系视角下公安信访的挑战及对策

□ 唐淑臣 *

摘要：公安信访是警民互动的一种形式，全面提升新时代公安信访工作专业化、法治化、信息化水平，提升岗位民警化解信访问题的能力、促进公安信访工作提档升级势在必行。基于H市B区公安信访现状，运用访谈法和文献分析法，考察68名信访人员对公安信访及改善、和谐警民关系和信访诉求等认知，归纳出两方面决策建议：一方面需要提升"为民"导向执法规范化水平，具体而言要规范接访执法勤务，加强接访警察培训；另一方面则要完善公安信访工作机制，包括健全公安信访工作程序、建立公安信访包案制、完善科学信访工作考核体系以及预防访民的极端行为等措施。

关键词：警民关系　公安信访　信访制度

在新时代法治社会建设下，人民群众对公平公正的需求日益强烈，权利意识逐渐觉醒，表达利益诉求的愿望强烈，参与社会治理力度持续增强，警民关系呈现向好发展态势。公安信访是警民互动的窗口，在接待信访群众、解决信访问题以化解社会矛盾、维护社会稳定以及构建良好警民关系建设方面发挥了重要作用（马国春，2014），工作效果的好坏关乎警民关系的发展态势。如何完善和改进公安信访工作，提高公安信访治理能力，稳定警民关系和谐态势，服务新时代公安工作的发展，成为各级公安机关信访部门

* 唐淑臣，北京师范大学法学院2020级诉讼法学专业硕士研究生。

亟待研究的重大课题（查荣林，2020）。本研究在访谈的基础之上，将视野瞄定公安信访领域，为实现和谐警民关系，对公安信访工作改善提出方向性建议。

一、研究缘起

2013 年 7 月，公安部《关于公安机关处置信访活动中违法犯罪行为适用法律的指导意见》的实施，我国的公安信访工作开始步入法治化的轨道，2019 年全国公安信访工作视频会议指出，新时代的公安信访工作要以习近平总书记关于加强和改进人民信访工作的重要思想为指导，深入总结公安信访工作规律特点，持续抓好信访工作基础业务规范化建设，切实引导涉法涉诉信访问题在法治轨道上妥善解决。回溯公安信访工作的发展史，从公安信访不断发展完善的路径来看，虽然公安信访工作制度方面已经制定了多部法律法规，但仍难以有效应对复杂的公安信访行为所带来的新情况、新问题，凸显出局部的问题，警民关系因此受到波动影响。

二、公安信访和谐警民关系构建探究

和谐警民关系为新时代人民群众与警察的理想互动模型，我国学者对和谐警民关系有大量的研究讨论，不同的学科视角与研究方法均得出相应结论。本研究将视野瞄定公安信访领域，为实现和谐警民关系，对公安信访工作改善提出方向性建议。

（一）研究对象

结合 H 市 B 区公安信访现状，本文以研究者身份访谈了 68 名信访人员，依据信访人员分类，访谈人员分布见表 1。先期确定了 80 名访谈对象，但因配合等多方面因素影响，且需满足统计学上的样本代表性，控制性别变量，访谈 68 名信访人员，访谈对象选取自信访受案记录。

表 1　访谈人员类型及分布　　单位：名

信访人员类型	性别		总人数
	男	女	
申诉类	7	4	11
检举类	5	6	11
控告类	6	4	10
解决问题类	6	6	12
批评建议类	5	6	11
反映治安状况类	7	6	13

（二）研究方法

访谈提纲围绕公安信访、和谐警民关系、公安信访与和谐警民关系的联系、信访原因、信访诉求、对公安信访工作的改善方向等问题构建访谈提纲。访谈者为 2 名硕士研究生与 1 名 H 市 B 区 C 派出所民警，混合使用电话与见面约访的形式进行访谈，全程使用手机录音功能录音。整个访谈过程征得信访人员同意，每次访谈不超过 1 个小时。剔除访谈失败人员 12 名，总计访谈人员 68 名。通过语音转录，围绕访谈提纲建构行为模型，进行赋分编码，运用 spss22 进行统计分析，一致性检验结果为 0.93。本研究着重探索公安信访和谐警民关系和公安信访工作改善方向，围绕该两点研究重点进行归纳分析。

（三）公安信访和谐警民关系分析

试构建公安信访领域和谐警民关系，从动机—需求角度操作性释义，信访行为是寻求公权力渠道救济的行为，实证研究公安信访行为，访谈 H 市 B 区 68 名公安信访人员，得出两种公安信访警民关系互动模型，即“诉求—满足”和“诉求—对抗”。信访人员与警察互动，信访人员为满足诉求，向公安民警提出诉求，公安民警回应诉求。若诉求得到满足，则信访行为终止，社会影响正向，警民关系趋向和谐；若诉求不能得到满足，则信访行为加剧，引发负面社会影响，警民关系恶化（见图 1）。

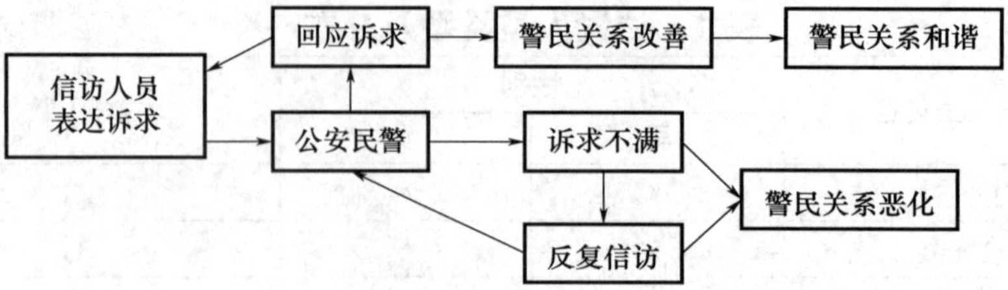

图 1　公安信访和谐警民关系关联模型

互动模型一，即“诉求—满足”模式。信访人员在向公安机关民警反映其诉求时，会进行理由陈述并展示相关证据线索以支撑其诉求合理性，此类信访行为据受访信访人员自我报告，40% 受访者称，该行为会使信访案件开展较为顺利，即信访人员与公安民警互动过程中，公安民警会接受信访人员的合理诉求表达，此类案件进行过程中，双方互相配合，警民关系趋向和谐。基于办案遵循合理合法的基本原则，信访人员提供的证据线索经查证属实，诉求合理正当，信访案件以此顺利进行直至结案。由此，在此最佳互动模型下，信访人员提出正当合理需求，并展示真实可靠证据时，不仅促进信访诉求的顺利实现，也提高了公安民警的案件办理与证据审查效率，是双赢之举，即信访人员提出合理诉求并展示证据线索，公安民警以程序审查结案，诉求满足，警民关系至和谐状况。据访谈数据，83% 的信访人员认为当自身提供真实可靠证据线索并得到公安民警“令人满意”的回应后，会增加对公安民警的好感度，警民关系由此趋向和谐。

互动模型二，即“诉求—对抗”模式。23% 的信访人员称，当诉求不被接受或认可时，会产生对公安民警的厌恶情绪反应，对其中该部分信访人员进行追问，若公安民警再次审查诉求和证据，符合正当合理，重新认可，92% 的信访人员会消除公安民警的厌恶情绪，并认为公安民警“还是能够帮助到老百姓”“是公平正义的”等。与模型一相同之处在于，不同诉求类型的信访人员向公安民警表达诉求，是公安信访警民关系建立的被动性要素；不同之处在于，公安民警对于诉求的反应形式，“对抗”之下，反应形式为“拒绝”。据受访信访人员称，有 26% 的信访人员经历过首次信访即被拒或不被理睬的经历，其中 90% 以上的信访人员会采取再次信访来达到自身的诉求目的，若公安民警予以接受，信访人员态度转向缓和，若不予接受，则恶化转向。公安民警在执法规范化建设中，扮演着程序与实体的权衡角色，在并无违规违法执法的情形下，公安民警“拒绝”信访人员诉求的理由主要是围绕信访诉求本身与诉求合理正当两个维度，从程序与实体进行衡量考察。由此，重复信访行为本身会转向两种，一是为达到非合理信访目的，不断对抗，向极端信访行为转化；二是得到了公安民警符合信访人员预期的回应，或正当理由查证属实地“拒绝”，或因其他因素接受。因考虑研究可行性，选择的研究对象并无极端的信访人员，极端信访行为转化路径尚无经验数据支撑。对于得到了公安民警符合信访人员预期回应的信访人员部分，“冲突”之下，据受访人员表示，有 11 名信访人员认为，如果确实是自身证据不充分或不真实，对于公安民警的“拒绝”会接受，并都表示若公安民警经过查证，能够验证自身的证据并不属实，会停止信访行为。仍有 7 名信访人员表示，自身信任自身的诉求合理性，“我正是因为有足够的理由才会去评理讨说法”等，在此情形下，当公安民警“拒绝”诉求时便会引起信访人员的极大不满，并引发冲突，警民关系恶化。

（四）公安信访和谐警民关系改善的经验性方向

公安信访工作改善方向，即公安民警在信访工作中调整、优化自身行为，以达到改良完善公安信访工作的目的。对于此部分，在访谈提纲中建立信访人员对于公安信访工作的改善建议这一问题，主要包括建立公安信访和谐警民关系和改善公安信访工作的建议。本节主要论述公安信访和谐警民关系建立，包括以下 6 种方向（见表 2）。

表 2　和谐警民关系不利影响因素及改善方向　　单位：名

不利因素	改善方向	建议人数
态度恶劣	及时回应	53
怠于查证证据线索	说明拒绝理由	52
回应拖沓	态度良好	46
处置过程与结果无说明	说明处置过程及结果	42

续表

不利因素	改善方向	建议人数
诉求拒绝无缘由	证据线索的积极查证	42
沟通交流不积极	积极沟通交流	41

“诉求—冲突”公安信访警民互动模式之下，针对不利于和谐警民关系的公安信访因素进行分析，主要包括6种不利因素：态度恶劣、怠于查证证据线索、回应拖沓、处置过程与结果无说明、诉求拒绝无缘由和沟通交流不积极。6种不利因素主要围绕和谐警民关系构建中，信访人员基于自身立场，总体围绕自身诉求满足与否和信访过程与公安民警的互动状况来衡量警民关系，即论互动过程与诉求结果二元指标。不利因素主要围绕与公安民警的互动过程带给信访人员自身的感受来提出，即客观反映诉求的处理结果并未涉及和谐警民关系的建构，但在此还有两种原因考虑：其一，访谈所选的信访人员并非为极端信访人员，即该部分信访人员对信访过程及结果符合理性认识，并非会因诉求的不满足而转化为极端信访人员，且尚难以期待与极端信访人员建立和谐警民关系；其二，公安民警具有一定的执法水平与执法规范，在不能满足信访人员诉求的同时，能予以合理合法的解释说明，并能得到信访人员的认可。

对于信访人员提出的互动过程感受性不利因素，可以推知公安民警在信访工作中的不足之处，重点围绕互动感受性预测公安信访的改善方向，分为交流沟通、过程信息传递和办案积极性三个主要方面。第一，交流沟通，包括态度恶劣与沟通交流不积极。态度恶劣作为建议数最多的不利因素，反映的是信访人员的主观期望与公安民警信访工作的处置差距，在一定程度上揭示了信访人员对于公安民警信访工作中与信访人员的互动态度还有待改善的诉求。积极沟通交流的是信访人员的需要，与自身的诉求实现的期望程度呈正相关。第二，过程信息传递，包括处置过程与结果无说明、诉求拒绝无缘由。信访人员的诉求展示过程中，透露出对诉求实现的期望，有36名信访人员表示，迫切地想知道信访案件到了何种处理进程，迫切期望与信访人员涉及自身利益的程度呈相关关系，自身利益的衡量具有较大的主观性差异，不同的信访人员对于自身利益的诉求以及诉求位阶排列皆不同。进一步访谈，主要涉及利益包括寻求公平正义、热心有效建议、专业性地位认可等主观性诉求需要。第三，办案积极性，包括怠于查证证据线索与回应拖沓。据访谈，有52名信访人员提及怠于查证证据线索，其中并有46名提及回应拖沓，显露出信访人员对于回应的时间效率需求，期望自身的诉求能快速地被满足。但在当前的公安信访工作形势下，“案多人少”为主要特征，客观情势下无法满足对信访人员的快速回应，且证据线索的查证需要时间，二者形成鲜明的矛盾关系。当问及信访人员期望多久时间内查证与回应时，绝大部分信访人员回答“越快越好”，即信访人员仅关乎其自身诉求的满足及时间效率，而并不顾及“案多人少”的客观处理情况。

三、和谐警民关系视角下公安信访治理对策

在公安信访警民关系互动模型中，发现和谐警民关系的促成，需要提升“为民”理念的公安信访工作规范化水平和调整适应信访问题解决的体制机制。

（一）提升公安信访工作规范化水平

构建公安信访和谐警民关系，重点在于公安民警执法的“为民”意识及工作行为。严格遵循实体与程序法律规范的原则，公安信访工作需将和谐警民关系的构建要务，即为民服务的“为民”理念贯穿于执法全过程，警民互动中重视人民群众的感受与公安民警的形象。

1. 规范接访执法勤务

规范执法执勤是做好信访源头治理的关键，2017年，全国公安视频会议要求“要坚持不懈、持之以恒地推进执法规范化建设”，各地公安机关要以深入推进执法规范化建设为抓手，通过教育培训等手段提高民警、协辅警的法律意识，规范民警执法行为，管控执法过程，努力提高民警依法执法的能力。第一，在投诉类信访案件中，民警的工作态度问题是诱发群众信访的重要因素，与信访人员的互动中，时刻保持和谐警民建构的工作意识，

该意识并非要求完全满足信访人员的各种需求，而在于“为民”的基本工作理念，合理合法地回应信访人员的正当诉求，以为民服务解忧的心态与意识来强化业务工作。各级公安机关要加强对案件受理、接处警、办证服务等重点执法环节的服务意识与服务工作，积极沟通交流，注重查证案件、处理结果等工作时效，提高工作效益。第二，提升窗口服务质量，热情地与信访人员交流沟通，一是细致了解信访人员诉求及其原因，二是缓解焦虑情绪并积极引导，同时辨明诉求的正当合理性并构思诉求应对策略，在与信访人员沟通交流中，传递公安民警的积极解决问题的心态与热情，规范警容风纪，提高群众满意度，树立公安机关为民服务的良好形象，增强社会公信力（孟卧杰、朱晋，2010）。第三，积极办案。信访人员往往急于满足自身诉求，警民关系的和谐构建中，信访案件处理应当积极应对，从案件证据线索查证到案情处理信息的整理反馈，除案件自身存在的困难性因素以外，公安民警的人为因素应当把控到位，积极处置，让信访人员的诉求期望稳当落实。

2. 加强接访警察的培训

警察的学历教育和业务培训是培育人民警察综合素质的“双元”渠道，加强对公安信访工作人员的业务培训，提升公安信访部门的“战斗力”，切实保障从源头上减少、降低信访案件和极端信访事件。第一，通过案例教学、信访问题倒查等方式，把一些信访反映突出的执法问题和需要重点掌握的《信访条例》、法律知识结合起来，向民警传授避免产生信访的执法理念和方法。第二，要确保公正、规范执法还要强调执法细节，树立法定职责必须为、法无授权不可为的意识，熟悉法律法规，执法时向当事人表明执法的法律依据，提高与群众打交道的能力，努力从源头上预防和减少因执法过错造成的信访投诉案件。第三，针对公安信访工作的要求，着重增强对法律法规和警察业务工作的培训力度，对新出台的法律法规和相关政策组织定期培训，提升民警的执法规范化水平。第四，为提高从事公安信访工作民警的业务水准，调设资格审查与选定机制，效仿法制部门，通过内部资格选拔以后才能从事公安信访工作。第五，加强职业道德培训，严格遵守《公安机关人民警察职业道德规范》，树立执法公正、服务人民的意识，提升公安信访部门整体的沟通协调能力，减少久拖不决等问题（赖锴，2017）。第六，加强队伍正规化建设，将信访和群众工作等业务技能的学习纳入新警培训和民警日常培训的课程中，树立从严治警的意识，增强其运用法律知识综合处理问题的能力。

（二）完善公安信访工作机制

结合当前公安信访工作机制的挑战，提出四个方面的对策，包括公安信访工作程序、建立健全公安信访包案制度、科学考核体系和预防极端公安信访行为，试改善协调以完善公安信访工作体系。

1. 完善公安信访工作程序

公安信访工作量繁重，若要及时完善办理、终结、稳控、训诫等程序，需提升工作效率。办理程序中，第一，各业务单位对信访部门转办的属于本单位职责范围的事项，应按期办结；对不属于本单位职责范围的事项，应及时向信访部门提出，并指明转送单位和理由。第二，各承办单位要严格按照规定的时限按时上报信访事项审结报告，说明调查过程和处理意见，对于情况复杂、一时难以查清的信访案件，承办单位要在指定期限前，将未能按期结案的理由、下一步工作措施、主办民警、审核领导等情况书面报告信访部门，经领导批准可延长办理时间。第三，严格执行信访终结程序，对无理访、重复访、非正常上访等信访事项，要加大终结的力度，严格按照办理程序和宣传教育的程序，对信访人进行帮扶救助，对符合终结条件的，及时启动信访终结程序。第四，信访事项终结后由公安信访部门及时将终结情况抄报上级公安机关信访部门和当地信访局。

2. 建立健全公安信访包案制

公安机关领导应当包案化解信访事项，包案的重点是上级交办的信访案件以及在办的“骨头案”“钉子案”。第一，责任领导应当采取各种措施，满足信访人合理需求，调阅案件笔录和案件信息，约谈直接责任人，研究确定案件办理方案，对结案材料进行审核确认，主动参与和组织调查和化解。第二，承办单位领导对重要信访案件以及分局批转的上级信访交办件应当领衔主办、包案办理，牵头组织开展调查、化解工作，办理情况列入执法质量考评。第三，分局信访部门应实时跟踪指导重要信访件的办理，通过督办的方式，增强民警及时处理解决重要信访案件的动力。第四，同时还应当完善公安信访主办制度，加强对初信初访案件的重视程度，主办民警要定期回访信访人，促使信访人息诉罢访，防止越级访、重复访，切实提高一次结案率。

3. 完善科学信访工作考核体系

完善公安信访工作长效的考核体系，是保持公安民警、协辅警先进性的重要内容。转换考评价值导向，数量和质量“两手抓”，发挥公安信访的“反光镜”作用，让上访群众作为考官来评判公安信访工作，确保人民利益得到保障，缓解社会矛盾。考核指标应当以实现公安信访的价值追求，达到信访所要实现的保障公民权益、加强公民政治参与为基础来设计。对会产生不同性质的结果的情况应当采取不同的指标，即如果可以控制某一结果的发生的，就将这一结果是否发生作为奖惩条件，如果对于某一结果的发生是不可控制，例如初访、越级访等具有较强的主观意识的行为，则不应以该结果设定指标。要建立常态评估制，把公安信访工作列入常态评估，对信访案件受理、查处情况进行定期通报，对逾期未办结的案件，要实行督办制，明确主办领导，限期上报结果。建立责任倒查和刚性问责机制，组建由法制、督察等相关部门负责人为核心的信访问题责任倒查追究工作专班，对全部初信初访案件逐件纳入执法过错和瑕疵补查范围。实效是公安信访考评工作的落脚点，要改变当前考用分离的现状，真正将公安信访考核做到考用结合，必须要将考核结果作为公安机关奖惩的依据，对在信访工作中获得群众点赞好评和工作积极、成绩突出的信访民警通报表彰，要在公安机关内部的各类奖惩中充分运用考核成绩，以达到激励先进、鞭策后进的效果。

4. 预防信访人的极端行为

法律是获得正义的最有效途径，第一，要加强法律宣传，通过法律知识的普及来着重加强公民的法治意识，针对不同情况，因地制宜，采取不同的方式和途径提高公民对法律的接触率，培养法治文化。第二，利用社交媒体开展普法教育，通过公安机关自媒体等一对多的形式普及法律知识，利用网络空间的传播特性开展法律宣传。第三，主动出击将防控工作前移，利用信息实现预警，结合风险评估等手段实现对极端信访行为的及时防控。第四，在大数据时代，必须要加强网络舆情监测、了解社情民意，建立对极端信访群体的监测预警机制。对网络信访案件出现的虚假不实信息追究源头责任，对故意散播虚假信息，煽动网络舆情，诋毁公安机关的恶意信访问题进行实时监控，精准定位，预防网络群体性事件的发生。记录公民的信访综合情况，了解信访人的内心真意，预测事态发展的方向，掌握信访轨迹，加强对心态失衡和行为反常信访人的心理疏导，掌握信访轨迹，预防和控制矛盾。

参考文献：

马国春，2014，《警务微博的功能演进与发展战略》，《北京警察学院学报》第4期。

查荣林，2020，《公安信访治理中“枫桥经验”的实践路径研究》，《信访与社会矛盾问题研究》第3期。

李绍昆，2018，《公安信访视角下经济犯罪侦查执法突出问题实证研究》，《湖北警官学院学报》第2期。

徐维新，2020，《公安机关信访改革问题对策研究》，《办公室业务》第18期。

梁迎修、敖曼、王雷，2020，《信访制度在社会矛盾化解中的作用及存在的问题研究》，《信访与社会矛盾问题研究》第6期。

钟碧莹、何国强，2016，《论公安信访的立法定位与制度完善》，《信访与社会矛盾问题研究》第4期。

孟卧杰、朱晋，2010，《公安机关管理网络舆论危机中的沟通策略研究》，《福建警察学院学报》第5期。

赖锴，2017，《新时期公安院校师德规范化建设研究》，《辽宁警察学院学报》第4期。

社会调查与案例分析

善治视角下的信访终结机制研究
——以浙江省信访终结机制为例

——匡月梅

善治视角下的信访终结机制研究

——以浙江省信访终结机制为例

□ 匡月梅*

摘要：信访终结是终止信访事项在信访渠道无休止反复的一道程序设计，在推进信访工作法治化、规范化，净化信访生态等方面具有重要作用。本文基于善治视角，结合学术界和实务界专家学者的研究成果，对浙江省H市信访终结工作开展情况作深入分析，探讨信访终结机制运行的现状及挑战，提出强化信访终结运作组织、规范信访终结运作流程和提升信访终结运作效力的对策建议，力求完善信访终结机制，净化信访生态，保障公民信访权。

关键词：信访　善治　听证　终结

信访制度是中国特色社会主义政治制度之一，具有政治参与、权力监督、权利救济等功能。当前，我国正处于全面深化改革的攻坚期、关键期。改革发展引发的各类信访问题以及信访制度本身存在的问题不断凸显，成为影响社会和谐稳定的重要因素。信访终结作为信访程序的最后一个环节，具有是否给予救济的最后“判决权”，不可随意更不能“缺位”。完善信访终结制度，构建系统高效的有效机制，是适应新时期新形势下信访工作新要求的关键，对深化信访工作改革，加快信访法治化建设，推进国家治理体系和治理能力现代化建设，具有重要意义。

* 匡月梅，浙江省湖州市信访接待服务中心副主任。

一、研究意义

（一）学术价值

信访终结是信访工作中的一个重要环节，但当前学术界和实务界对信访终结没有明确的定义，对信访终结机制研究也存在诸多争议和分歧。有学者认为，为保障公民信访权，不应该有信访终结制度。也有学者认为，信访终结制度没有太大意义，在实质上也无法限制信访人继续其信访活动。一部分学者认为信访终结制度有其现实必要性和可操作性，应将其研究重点放在该项制度的合法性和透明度的构建上。总体而言，现有的研究内容基本局限于制度本身，而缺乏对制度存在环境的研究，诸如社会背景、信访人心理状态等。本文从善治视角切入，分析当前信访终结在程序和实体上存在的问题，为信访终结机制的研究提供了新的路径和参考，具有一定的创新性。

（二）现实意义

近年来，信访总量虽有所下降，但仍高位运行。一方面，大量重复访、越级访终而不结，耗费了大量行政成本，占用了大量公共资源，扰乱了正常的社会公共秩序；另一方面，信访渠道易进难出，使得信访权利救济功能被无限放大、信访权被滥用，影响了政治生态和法治环境，亟须一套科学合理的信访终结机制来定分止争，规范信访行为，引导形成合理的群体利益诉求，维护社会公平正义。

二、理论基础——善治理论

“善治”，意为“良好的治理”。西方学者发现，治理不是万能的。它不能代替国家而享有合法的政治暴力，也不可能代替市场而自发地对大多数资源进行有效的配置。在社会资源配置中不仅存在国家的失效和市场的失效，也存在着治理失效的可能。为克服治理的失效，一些学者和国际组织提出了“善治”理论（俞可平，2000）。

国内对善治理论进行深入研究的学者俞可平认为，善治是指通过政府与社会、政府与公民、政府与市场对公共事务的合作管理，实现公共利益最大化的一种治国理念和模式，他在综合各家在善治问题上的观点，提出了善治的六项基本要素：合法性、透明性、责任性、法治、回应和有效性（俞可平，2000）。

信访是公民直接参与社会治理的方式和途径，信访工作是政府、社会和公民三者之间沟通和互动的桥梁和纽带，是三者合作治理的平台和渠道。国内已有一些学者在善治理论的框架下研究信访制度。周定财分析了善治与信访工作的相关性和以善治为目标改革我国信访制度的必然性，提出信访制度是善治理念的初级表现形态（周定财，2008）。蔡武进提出，现代行政信访制度具备了一定的民意基础，符合权利保障和权力控制的法治理念，契合公民主体意志表达的现实需要，应在进行法制化改革的基础上，以建构并强化行政协商的制度平台为改革目标导向，回应善治诉求，而不是单纯地被作为一种消极的行政解纷机制或者“维稳”工具看待（蔡武进，2012）。

信访事项的处理是信访部门代表党委、政府在法治框架下回应群众诉求的渠道。现代政府作为一个责任政府，要及时关注和回应社会关切。信访工作对群众诉求要做到“有求必应”，但这种回应并非是无原则的“有求必满足”，而需要建立一套透明顺畅运作的反馈协调处理机制，以保证公共利益分配的公平公正性。信访终结是行政主体在信访渠道对群众诉求合理回应的必要环节，在设计和应用上应具有有效性，从而推动形成社会治理的良好状态。因此，本文在研究信访终结机制中以善治内在要素作为评判和构建标准，探索构建更加契合“善治”目标的机制。

三、当前应用的信访终结方式分析

信访制度建立以后的很长一段时间里，终结方式一直缺位。1995 年出台的《信访条例》规定了同一信访事项可“一次处理、两次复查”，即信访人以同一信访事项经办理机关处理一次后不满意的，可申请由原办理机关再复查一次，仍然不满意的，可申请由原办理机关的上一级机关复查一次。经一次处理、两次复查后，信访人仍以同一事实和理由提出投诉请求的，各级人民政府信访工作机构和其他行政机关不再受理。2005年修订的《信访条例》对“一次处理、两次复查”进行了完善，提出了处理、复查、复核三级程序，即信访人对行政机关作出的信访事项处理意见不服的，可以自收到书面答复之日起30日内请求原办理行政机关的上一级行政机关复查；对复查意见不服的，可以自收到书面答复之日起30日内向复查机关的上一级行政机关请求复核；对复核意见不服，仍然以同一事实和理由提出投诉请求的，各级人民政府信访工作机构和其他行政机关不再受理。

当前，除复查复核这一全国通用的终结方式外，浙江省认可的终结方式有公开评议、听证终结、协议终结和自然终结等。其中，协议终结和自然终结是本文根据相关规定和信访工作实务提炼的提法。

协议终结。《信访条例》将调解作为信访事项的一种终结处理方式。《浙江省信访条例》认为，调解、和解等协议的达成并履行完毕表明当事人双方已就争议达成共识，无需再由国家机关介入纠纷处理，也就无须再作出信访办理意见。本文将这种终结形式称为“协议终结”。

自然终结。《信访条例》规定，信访人若不接受处理、复查意见，应当自收到书面答复起30日内，依法申请复查、复核。《浙江省信访条例》进一步明确为超过法定期限未申请复查、复核的，处理、复查意见即为信访终结意见，信访处理程序终结。本文将这种终结形式称为“自然终结”。

公开评议终结。2012年，浙江省出台《浙江省特殊疑难信访事件公开评议终结办法（试行）》，将“公开评议”作为信访终结的一种方式。即省级以下联席会议办公室及省人民政府工作部门采取评议会的形式，邀请相关人大代表、政协委员、专家学者、律师、仲裁员、人民调解员及信访人所在单位或住所地的群众代表等评议员参加，通过陈述、质证、辩论、评议、和解和投票等程序化解特殊疑难信访事项。经公开评议的信访事项，三分之二以上评议员对处理结果表示满意的，该评议意见作为信访事项终结意见的主要依据，按照信访事项的办理程序依法终结并报送审核认定。依法终结的信访事项报中央联席会议办公室备案后，即从信访工作程序退出，中央和地方各级各部门信访工作机构及其他行政机关对其实行“三不”政策，即“不统计、不受理、不交办”。[1]

信访听证终结。2014 年，浙江省人民政府办公厅出台《浙江省信访事项听证办法》，对信访听证终结作出了具体规定。即行政机关以听证会的形式，通过质询、举证、辩论、评议、合议等方式，查明事实，分清责任，依照法律、法规、规章和政策处理信访诉求的程序。明确对属于《信访条例》受理范围的重大、复杂、疑难信访事项在作出处理、复查、复核意见前，以及信访人对信访事项处理或者复查意见不服，未在规定期限内提出复查或者复核申请，仍以同一事实和理由继续信访的，可以组织听证；而对已经或者应当通过诉讼、行政复议、仲裁解决的信访事项，不再举行听证。2020 年，浙江省信访工作联席会议办公室出台了《关于加强信访事项听证工作的几点意见》，进一步规范了听证程序和实体操作。如听证机关可以委托无利害关系第三方组织听证或担任听证主持人、建立市级听证员库、加强实体诉求的听证等。

2020 年，浙江省信访工作联席会议印发《关于加强信访事项依法终结工作的通知（试行）》，提出了信访终结工作中“调解优先”的理念，进一步规范了信访事项依法终结的标准、范围以及会审备案、领导审签、审核（查）等制度和机制，明确了做好涉法涉诉信访终结工作的要求。H 市也相应出台了《H 市信访听证实施细则（试行）》《H 市信访事项终结认定办法（试行）》《H 市信访事项终结备案入库工作办法（试行）》等文件，进一步细化了信访听证以及终结认定、备案的一系列程序，提出了“云听证”的方式，为新形势新要求下做好信访事项依法终结工作提供了有效参照和有力依据。

[1] “不统计、不受理、不交办”具体是指该信访事项不再作为信访考核对象，各级机关不再重新受理该信访事项，上级部门收到同一信访事项时不再交办、转办。

四、信访终结机制运行过程中的挑战及成因分析

（一）终结方式不统一

合法性，即社会秩序和权威被自觉认可和服从的性质和状态（俞可平，2000）。当前，各地的终结方式尚未统一，没有形成让社会公众普遍认可并遵照执行的规定。经查阅各地地方性的信访条例规定，在全国范围内，除统一认可复查复核三级终结作为终结方式外，大部分地区没有其他的终结方式和具体标准，浙江、上海、山东等地虽有一定的尝试，如《上海市信访事项核查终结办法》《山东省信访事项终结认定暂行办法》以及浙江的五种终结方式等，但在终结标准上不一致。有的将信访事项经过复查复核后的认定结论视为终结结论，有的仅将无理信访界定为信访终结的对象，有的则是在信访事项复查复核的基础上对信访事项通过新的规则予以认定。浙江省对复查复核和听证终结的操作程序规定得比较细致，而协议终结和自然终结没有具体的操作规定，实际工作中缺少必要的参照和依据。不同地方的不同规定，造成各地在处理信访终结问题时不统一，终结效果权威性不够，社会公信力有待提高。

（二）终结程序有待完善

实践中，终结的操作程序公开性仍有待提高。当前规定对经复查复核和听证终结程序后的信访事项需要在专门组织会审和上级报备后才能认定为终结，但复核的信访事项经市级专家会审、行政机关主要负责人或政府分管领导签发后，报省人民政府信访工作机构备案。这一规定将原来由省级机关组织的会审程序下放到市级，在审核把关环节降低了层次要求，这种“自核自审”的终结形式有可能会诱发问题。另外，从市级层面来看，会审和报备只需在省级层面完成即可，但省级以上未必认可。

（三）终结体系有待健全

1. 终结工作组织主体不够完备

当前的信访终结工作在机构设置、人员配备等方面比较薄弱，一些地方没有专门负责信访终结工作的部门和人员。组织主体的权威性不高、专业性不强，工作人员精力分散、疲于应付，终结工作难以深入有效开展。一些

工作人员思想认识上有误区，工作积极性不高，认为信访终结工作无关紧要，工作成本高、成效不大又资源浪费，意义不大。一些工作人员能力水平有限，缺乏法律法规和政策知识，缺乏一定的群众工作能力，不重视与信访人的沟通，对群众诉求的回应能力较欠缺，往往只是简单地从程序上加以终结，而不被信访人认同和接受。

2. 终结事项范围较为模糊

信访问题纷繁复杂，随着经济社会的不断发展，新情况新问题层出不穷，并不断通过信访渠道反映出来，信访终结对象也日趋复杂，且不确定，使得终结范围难以明确，也难以建立逐一对应的操作标准，自由裁量较大，主观随意性较强。相关规定对可申报终结的范围进行了明确，但并未对是否可进入终结程序的信访事项范围进行明确。《浙江省信访事项复查复核办法》以减法的方式列出了复查复核不予受理的八种情形，但规定过于宽泛，面对纷繁复杂的信访事项，缺乏操作的针对性和明确性。而公开评议和听证终结按照规定适用于“特殊疑难”、“重大、复杂、疑难”信访事项，但对“特殊疑难”、“重大、复杂、疑难”的定义和边界并未作出明确规定。进入程序与否，人为主观判断空间较大，对群众反映事项的回应存在一定的随意性。

3. 回应及时性有待提高

根据规定，信访人在收到处理意见书后最长还需要 120 日左右，信访事项才能被复查复核终结；对不需要重新处理的公开评议事项在信访人申请后还需 67 日左右；听证终结程序在信访人申请后一般需要 75 日左右。可见，信访渠道虽然门槛低，但处理时间长，对群众反映的诉求不能及时回应。

（四）终结效力须进一步提升

有效，是指管理的效率。根据浙江省当前规定，对纳入省级备案库的，实行“三不”政策，即省级以下信访工作机构不再受理；省级信访部门不再交办；省级以上信访部门登记的反映同一信访事项的来访人次，不列入考核统计。但该效力只作用在省级层面，省级以上仍然存在终结信访事项交办现象，一方面增加了基层工作的负担，另一方面也影响了终结的时效性和权威性，助长了信访人重复信访的积极性。另外，当前只明确了信访事项终结后国家机关可“不再受理”，但对信访人行为尚未明确约束机制。对信访事项处理中常见的“承诺息访书”也未明确法律效力。自然终结的效力也只在《浙江省信访条例》中规定信访人继续上访的，依法处理。具体如何“依法处理”未见明确规定。因为效力的不明确，终结事项反弹较多，上级考核导向也比较模糊，对一些重复访、越级访的信访行为，即使已经终结，也会以通报考核等形式施以压力，终结效果不理想，而终结一件信访事项的成本较大，投入回报率较低。

（五）法治保障有待完善

法治，是指法律是公共政治管理的最高准则，任何政府官员和公民都必须依法行事，法律面前人人平等。当前与信访终结配套的法律法规尚不健全，行政主体和公民在信访终结和信访行为中都缺乏有力制约，主要体现在两个方面。一是现有规定法律位阶偏低。以浙江省为例，从2005年《浙江省信访事项终结办法》、2011年《浙江省信访事项复查复核办法》到2012年的《浙江省特殊疑难信访事件公开评议终结办法（试行）》、2014年《浙江省信访事项听证办法》再到2020年的《关于加强信访事项依法终结工作的通知（试行）》和《关于加强信访事项听证工作的几点意见》，仅仅属于行政规章或内部文件，在法律体系中处于最低位阶，难以适应改革的需要。二是上位法缺乏具体规定。2005年国务院修订颁布的《信访条例》是信访工作中处于最高位阶的法规，但只有对信访事项进行办理、复查、复核的原则性规定。

（六）社会环境支持有限

责任性，指人们应当对自己的行为负责。当前，法治建设不够健全，社会诚信体系建设还不够完备，一些社会公众的法律素养和道德水平还不够高，法治思维欠缺，理性认识问题的能力还不够，导致一些信访人对自己的行为负责能力较弱，有时会为了满足自己个人利益而提出无理诉求甚至采取过激行为。随着我国社会各阶层利益格局的不断调整，一些个体因同一利益诉求而形成信访群体，信访活动组织化趋势明显，呈现内部问题社会化、相关问题连锁化等特点，不利于信访终结工作的顺畅开展。

五、对策建议

综上分析，信访终结工作存在的问题限制了信访制度的功能发挥，偏离了“善治”目标。本文围绕信访终结的构成体系提出改进和完善的对策建议，着力营造公平正义的社会环境。

（一）明确信访终结的构成体系

信访终结不是单一、独立的操作，而是与信访事项从导入到退出的任何一个环节都密切相关，同时又受到参与主体、外部环境等因素的影响，是一种动态的机制。其构成体系包括参与主体、运作方式、运作流程、运作制度、外部保障等，如图 1 所示。

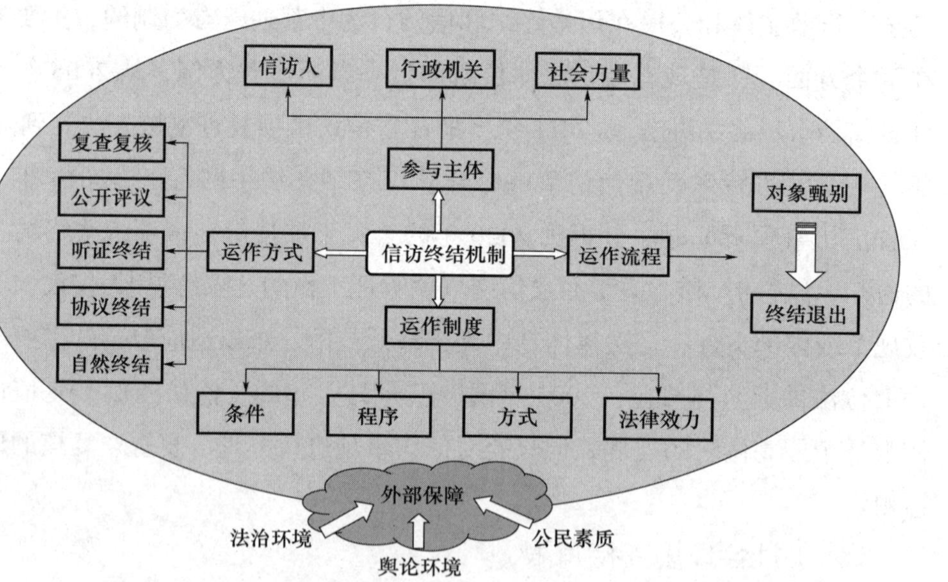

图 1　信访终结机制构成体系（资料来源：作者自制）

（二）强化信访终结运作组织

1. 横向充实信访终结机构

各地信访工作机构应成立专门负责信访终结工作的部门，确保终结工作的独立性。配备具有经济、法律、社会管理等方面知识和一定群众工作能力的综合型人才。亟须加强职能部门的信访终结工作机构和力量，提高职能部门对本单位职责权限内信访事项的终结力度，形成职能部门逐级审核、信访工作机构督查督办的运作机制。

2. 纵向规范组织领导体系

各地需加强信访终结工作的组织领导体系，强化各级领导审核把关的公平公正性。信访终结工作必须由单位主要领导负总责，且需终身负责，报备材料需要主要领导审核把关签字。这就需要增强领导干部的法律知识，提升领导干部的法治理念和法治思维。促使其坚持在法律法规和政策规定的框架内决策部署，坚持按规则程序办事。

3. 全面提升公民综合素养

信访是宪法和法律赋予公民的民主权利。公民的理性程度和知识素养的高低是信访终结工作能否顺利开展的关键因素，需要在全社会范围内加强素质教育和宣传引导，强化公民法治观念。对已经进入信访渠道的信访人，工作人员要耐心沟通，必要时提供心理咨询服务，引导信访人形成合法合理的认知。

4. 加强社会力量参与度

积极鼓励、调动社会多元力量参与到信访终结工作中，充分发挥社会力量组织、管理、监督、疏导社会的功能，及时评估发现信访事项的处理是否符合公众的价值标准，从而作出或及时修正出更加满足公众需要、契合社会公平正义的处理结果。一是建立律师代理信访制度。完善法律援助制度，制定出台相关法律法规，为律师代理信访行为设立明确的法律依据。通过第三方律师代理，一方面，及时科学分流应当通过诉讼、仲裁、行政复议等法定程序解决的诉求；另一方面，借助律师专业知识和职业操守，提高信访行为的合法合理性，使信访人更易认可接受处理结果。二是发挥民间调解组织作用。建立健全调解与信访途径有序衔接的工作机制，强化将调解挺在前的工作理念，探索建立适用调解前置程序的事项范围和类型，积极发挥民间调解组织作用，加大对群众诉求的依法调解力度。

（三）规范信访终结运作流程

1. 自上而下完善终结方式

首先，应在全国范围内明确终结方式，统一依法终结范围、标准和流程等。对各地自行认可的听证终结、公开评议终结、核查终结、协议终结、自然终结等终结方式进行充分调研论证，选取具有终结可行性和全国适宜的方式，从国家法律法规层面赋予其终结效力。

2. 建立清晰明确的导入机制

在统一信访终结方式的基础上，明确终结的范围，包括对是否属于信访事项的界定，对可终结信访事项的目的、内容分类的界定，对不可终结信访事项的具体情形的规定等。从源头上厘清信访工作法定职责边界。落实诉访分离、法定途径分类处理信访投诉请求等工作，厘清信访与行政、司法等其他法定途径的边界，逐步减少并最终杜绝应当通过行政复议、诉讼等渠道处理的事项被作为信访事项被受理进入复查复核等信访终结渠道的现象。

3. 建立严格规范的退出机制

一是引入司法确认制度。司法确认制度是指对于涉及的民事权利义务的纠纷，经行政机关、人民调解组织、商事调解组织、行业调解组织或者其他具有调解职能的组织调解达成的具有民事合同性质的协议，经调解组织和调解员签字盖章后，或双方当事人签署协议之后，如果双方认为有必要，共同到人民法院申请确认其法律效力的制度。对已经处理到位，达成调解协议或签订承诺息访协议信访事项，应引入司法确认，赋予法律上的约束力和强制力。二是引入人大监督功能。已有的信访终结退出以会审备案为终点，但会审备案的要求和操作程序并不严格。为避免问题的产生，建议引入人大监督功能，以权威的第三方的监督保障终结的法定效力和公平公正的结果。对进入信访终结事项，包括自然终结和通过程序宣告终结的信访事项，信访人、事权单位和信访部门任何一方认为有问题并有充分证据的，都可在法定期限内向人大终结监督委员会申请再审并得出定论。

4. 建立全程“三公开”制度

在建立一套科学完备的操作流程的基础上必须确保其过程、理由、结果“三公开”。以公开促公正，以公正提公信。以全方位的公开制度得到群众的认同、接纳，并引导群众理性信访。行政机关内部要加强督查督办，以行政手段主动发现问题、解决问题。外部要强化公示制度，实行信访事项终结公示常态化，一来约束政府行政行为不偏离合法合理轨道，二来约束信访人无理、重复的上访行为，给信访人带来舆论监督压力。

（四）提升信访终结运作效力

1. 以强制力为重心强化法治保障

信访终结机制的效力核心是法律赋予信访程序的强制终结力，必须用法律来保障。一要实行信访立法。完善信访工作在国家层面的立法，建议由全国人民代表大会及其常委会制定“信访法”，提高信访工作的法律位阶。并在此法规定中界定信访人和处理机关的权利和权力边界，明确信访终结的概念、功能、范围、方式、效果等，为信访终结制度实施提供法定的、明确的、统一的实施依据，保障终结效力。二要明确终结后违法行为的认定和处置规定。对于终结后的信访事项，信访人没有新的事实证据证明终结结论有误但继续就同一问题缠访闹访的，应自上而下制定法律法规，明确具体的情形和处置方式，做到“有法可依、有法必依、执法必严、违法必究”。

2. 以科学性为要求健全考核机制

考核是信访工作具体实践中的“指挥棒”，要保障信访终结机制的良性运转，需要自上而下建立科学稳定的考核机制，保证终结效力，从而对信访工作形成有效的向导。一是明确“三不”政策。对于已经终结的信访事项，信访人仍提出同一诉求的，各级行政机关均可不再受理；上级部门应不再转办信访人的信访问题，不再纳入考核范畴，不通报、不扣分，不给基层传递压力。二是建立终结事项抽查制度。建立信访事项终结库，上级部门不定期对进入终结库的信访事项处理情况进行抽查，一旦发现处理不到位的终结事项，退回重审，并追究相关领导和工作人员责任。各地终结信访事项的办理和抽查情况，纳入对党委、政府年度信访工作目标管理考核。三是全面构建责任追究体系。建立全方位立体化的责任追究体系，出台相关的责任追究办法，明确后续处理的责任主体。坚持“谁办理、谁负责”“谁审核、谁负责”

的原则，对在处理信访终结事项中的任何一个环节不到位，出现差错纰漏而造成后果或不良影响的，根据规定依法追究负责领导和工作人员责任。

3. 以充分性为导向增强社会支持

信访事项终结的效力需要法律强制性的保障，也需要社会环境的支持和认同。这就需要通过加大宣传、建立必要的制度等方式来引导约束社会公众，增强社会公众的法律素养、道德修养以及对信访的理性认知，促进实现终结的预期目标的充分性。

一是建立健全信访信用管理。将“诚信信访”纳入社会诚信体系中，建立信访人失信惩罚制度，对严重失信信访人实施联合惩戒，明确失信情形、失信行为评定规则、具体惩戒措施以及信誉恢复方式等，公开公布失信名单，形成“一处失信，处处受制”的约束环境，引导社会公众诚信信访。

二是完善社会福利救助体系。严格明晰信访救助与诉求解决的界限，切实将信访救助纳入社会福利救助体系，规范救助范围、内容和程序，并对帮扶结果进行公开。对于生活确实有困难的信访人，从民政帮扶等方面按照规定帮扶救助到位。

三是加强公民道德和法治建设。大力弘扬中华优秀传统文化和社会主义法治精神，深入开展道德教育和法治宣传教育，普及社会公众的法律政策知识，增强社会公众的道德素养和法治观念，强化规则意识，倡导契约精神，弘扬公序良俗，引导其对个人和集体利益关系及分配结果形成理性认知，营造依法信访、依法治访的舆论氛围。

参考文献：

蔡武进，2012，《法治与善治：我国行政信访制度的改革图景——以行政协商为视角》，《甘肃政法学院学报》第 6 期。

周定财，2008，《善治：我国信访制度改革的目标》，《沈阳大学学报》第 5 期。

观点摘登

观点摘登

法治建设为了人民依靠人民

2021 年 5 月 28 日《人民日报》刊发中央党校（国家行政学院）政治和法律教研部主任周佑勇的文章指出，民之所向，政之所行。习近平总书记在中央全面依法治国工作会议上指出：“全面依法治国最广泛、最深厚的基础是人民，必须坚持为了人民、依靠人民。”习近平法治思想深刻回答了法治中国建设为了谁、依靠谁的问题，科学指明了新时代全面依法治国的根本立场，体现了真挚的为民情怀。贯彻习近平法治思想，必须坚持以人民为中心，积极回应人民群众对法治建设的新要求新期待。

进入新时代，人民美好生活需要日益广泛，不仅对物质文化生活提出了更高要求，而且在民主、法治、公平、正义、安全、环境等方面的要求日益增长。习近平总书记指出：“要把体现人民利益、反映人民愿望、维护人民权益、增进人民福祉落实到全面依法治国各领域全过程”“使法律及其实施充分体现人民意志”。我们必须坚持法治为了人民、依靠人民，积极回应人民群众新要求新期待。坚持问题导向、目标导向，树立辩证思维和全局观念，系统研究和解决法治领域人民群众反映强烈的突出问题，织密法治之网，强化法治之力，切实让人民群众感受到法治建设在身边、有实招、见成效，不断增强人民群众的获得感、幸福感、安全感。

公平正义是人民的期盼，也是法治的生命线。习近平总书记强调：“推进全面依法治国，根本目的是依法保障人民权益。”坚持法治为了人民，在全面依法治国中更好满足人民对美好生活的向往，一个重要着力点就是把人民对公平正义的期盼落实到依法保障人民权益上。健全法律面前人人平等保障机制，健全社会公平正义法治保障制度，在立法、执法、司法、守法的全过程和各方面体现公平正义的要求，努力让人民群众在每一项法律制度、每一个执法决定、每一宗司法案件中都感受到公平正义。更加平等、有效地实现公民人身权、财产权、人格权、基本政治权利，以及经济、文化、社会等各方面的广泛权利与自由，促进人的全面发展。

人民是历史的创造者，是决定党和国家前途命运的根本力量。习近平总书记指出:“只要我们深深扎根人民、紧紧依靠人民，就可以获得无穷的力量，风雨无阻，奋勇向前。”我们要坚持人民在全面依法治国中的主体地位，保证人民在党的领导下，依照宪法和法律规定，通过各种途径和形式管理国家事务、管理经济文化事业、管理社会事务。党的领导是人民当家作主和依法治国的根本保证。只有在党的领导下依法治国、厉行法治，才能保证人民享有最广泛最充分的民主权利。要把体现人民利益、反映人民愿望、维护人民权益、增进人民福祉落实到依法治国全过程，使法律及其实施充分体现人民意志。

人民对法治建设的参与程度，影响着法治发展的进程及其广度和深度。在推进全面依法治国的过程中，我们要充分调动人民的积极性、主动性、创造性，依法保证人民通过各种途径和形式广泛持续深入参与国家治理和社会治理，充分激发蕴藏在人民之中的创造伟力，使全体人民都成为社会主义法治的忠实崇尚者、自觉遵守者、坚定捍卫者。通过全面依法治国，实现国家和社会生活制度化、法治化，保障人民安居乐业、社会安定有序。

现代治理视野下复杂组织治理风险的思考

清华大学中国社会风险评估研究中心副主任曹峰等撰文《现代治理视野下的复杂组织治理风险的思考》从现代治理的视野探讨了复杂组织矛盾与风险的治理。文章指出，复杂组织在治理过程中，存在多重治理目标间的不相容问题，所谓治理目标不相容是指组织一个目标的实现会影响另一个目标的实现，或给另一个目标的实现带来了一定的困难，从而有可能产生矛盾和冲突。

社会治理目标并不是完全相容的，在某些情况下它们甚至是相互冲突的，亨廷顿指出："我们知道，这些目标在短期内很可能会相互冲突，我们也设想或希望它们终究会相互增进。不过，至少在不很长的时间内，这显然只是个幻想。"由于各种治理目标不可能同时实现，因此我们必须对其进行价值选择。当然这并不意味着在社会发展过程中选择某些目标就必须放弃其他目标，而仅仅意味着在社会发展的过程中我们必须对具体的治理目标作出先后顺序的安排，从而尽量避免不同的治理目标之间的价值冲突。

实践中，之所以能够对社会发展的价值目标作适当的顺序安排并对它们进行选择，这是因为具体的治理目标不是无条件相互冲突的，这种冲突只是在一定的限度和范围内发生。对此，就有必要明确冲突的限度和范围，按照这种限度和范围对治理目标作一种顺序的安排。明确治理目标冲突的限度和范围就意味着对治理目标进行价值评价。人们应当根据具体的社会历史条件来确立各种具体的治理目标，并根据最高目标来评价具体的治理目标。

那么，如何确定它们在需求序列中的位置呢？具体的治理目标是价值相对的。在一种意义上具有肯定价值的东西，在另一种意义上具有否定的价值。人们在治理目标的选择上必须确定治理目标所可能导致的否定价值（负价值）。这种负价值相当于经济学上的"机会成本"。在经济学上，生产某种物品的价值有两种：一是生产成本；一是机会成本。生产成本是指生产某种产品所消耗的人力、物力资源。机会成本是指这些资源被用于生产一种产品就不能用于生产另一种产品。因为资源是有限的，有限的资源被用于满足某种需求就不能用于满足其他需求。这种未得到满足的需求就是机会成本。在治理过程中，也遇到同样的问题，当要实现某种目标时就不得不牺牲其他目标。这是实现某种目标时必须付出的机会成本。对治理目标的评价就必须充分考虑实现某种目标所要支付的机会成本，并根据机会成本来综合地考察它在实现最高价值需求序列中的位置。应当指出的是对治理目标的价值评价是按照实现这一目标所支付的机会成本来衡量的。治理目标的价值与机会成本成反比，"机会成本"越高，治理目标在实现人的解放的需求序列中的位置就越低，人们就不应当优先考虑这一目标，而应选择“机会成本”较低者。

在衡量治理目标时人们必须充分估计到各种机会成本。这种机会成本应当是社会为此付出的机会成本，而不是个人为此付出的机会成本。在确定治理目标时人们也不是用实际的社会机会成本来衡量治理目标的价值的，而是以预期的社会机会成本来衡量其价值。在治理目标实现之前，不存在实际的社会机会成本。因而也不可能根据实际的机会成本来衡量其价值。衡量预期的社会机会成本是制定社会政策，选择治理目标的关键。

数字化时代需要“数字素养”——共同营造健康向上的数字生活

2021 年 6 月 7 日《人民日报》刊发中国社科院哲学所研究员段伟文的文章指出，互联网、大数据和人工智能等技术的普遍应用，构筑了一个数字化的信息空间，改变了人们的生活方式。从社交、娱乐、购物到出行，人们越来越多地借助各种网络平台。这一变化在赋能数字产业、释放科技创新红利的同时，也带来了诸多不容忽视的挑战，短视频沉迷现象就是其中一种。应对数字化时代的挑战，需要提升数字素养，运用数字化时代的伦理智慧加以调适。

近年来，数字伦理问题一直备受关注。所谓数字伦理，是指立足以人为本，在数字技术的开发、利用和管理等方面应该遵循的要求和准则，涉及数字化时代人与人之间、个人和社会之间的行为规范。比如，在社会层面，如何弥补“数字鸿沟”，让数字技术的发展更加公平可持续；在企业层面，怎样避免技术滥用、不当采集用户数据，以正向社会价值创造为目标；在个人层面，应该怎样区分现实与虚拟，化解网络成瘾、短视频沉迷等困扰，解决注意力缺失、知识碎片化等问题？正确应对数字化时代带来的挑战，才能让人们成为数字化时代的主人，而不是被数字和算法驱使。

短视频沉迷等现象成为很多人的困扰，一定程度上是由于科技加速创新，而观念、伦理和法律等相对滞后造成的。对此，应该充分运用系统思维，在创新发展与社会公平正义之间寻求动态平衡。一方面，对那些明显不正当的企业行为和严重的侵权行为，相关部门应当加强监管，比如最近对平台垄断、侵害用户权益等行为开展治理；另一方面，应通过价值观、伦理规范等柔性调节，促使社会、企业和个人等多元主体更加重视数字伦理、提升数字素养，实现数字化时代的协同治理，迈向更加美好的数字生活。其中的关键，是明确造福人类、可持续发展、公众利益优先、共享科技红利等科技伦理原则，并通过制度安排、产品设计和服务规范，嵌入数字技术研究与应用的各个环节。

对于生活在数字化时代的个体而言，数字素养意味着如何更好面对生存方式和生活方式的数字化。今天，人们越来越多地独自面对各种电子屏幕和数字界面，每个人的注意力和行为数据也成为数字技术持续获取的目标。这一趋势不仅产生了隐私保护、信息茧房、大数据杀熟、算法歧视与陷阱等问题，还造成了注意力缺失、游戏与短视频成瘾等心理与行为失调。改变的关键，在于个体能够在数字生活实践中反思数字技术对人的认知与行为的影响，学会自我调适、适度节制，让自己掌握信息获取和遨游数字世界的主动权，而不是被碎片信息所淹没，甚至沉溺于数字娱乐不能自拔。要让数字娱乐和虚拟生活成为现实生活的补充，进而借助虚拟生活改善现实生活的质量，让数字技术服务于现实所需。

科学技术从来没有像今天这样深刻影响着国家前途命运，从来没有像今天这样深刻影响着人民生活福祉。随着数字化时代的到来，让科技造福社会和人民，需要全社会提升数字素养，让科技成为自我实现与追求美好生活的阶梯。

以法治力量助推乡村振兴

2021 年 6 月 9 日《光明日报》刊发署名为周其森的评论员文章指出，6 月 1 日起，乡村振兴促进法正式施行。这对依法推动乡村振兴，凝聚更多力量推动农业农村现代化建设意义重大。

法律是对现实社会关系的调整。乡村振兴促进法根植于我国乡村现实，是我国农村发展实践的结晶，凝聚着从上到下的探索及智慧。从乡村振兴促进法的产生背景及过程来看，它是广泛吸纳社会各界尤其是“三农”领域专家意见建议的产物，汇聚了乡村基层干群的经验。

乡村振兴促进法将促进乡村产业发展列为首要内容，融汇了我国农村发展尤其是农村改革的宝贵经验，明示了乡村产业升级换代的路径方向和措施方法，明晰了政府在乡村产业发展中的责任与义务，凸显了建立现代农业产业体系、生产体系和经营体系对于乡村振兴的决定性作用，使得脱贫攻坚与乡村振兴有效衔接成为一种刚性要求。

脱贫摘帽不是终点，而是新生活、新奋斗的起点。那么脱贫之后怎么走？这是大多数地区面临着的共同问题。乡村振兴促进法着眼于全面推进乡村振兴，这对乡村产业发展具有深远的促进意义。该部法律明确提出：各级人民政府应当发挥农村资源和生态优势，支持特色农业、休闲农业、现代农产品加工业、乡村手工业、绿色建材、红色旅游、乡村旅游、康养和乡村物流、电子商务等乡村产业的发展……增强乡村产业竞争力。这指明了接续推进乡村振兴，实现脱贫攻坚与乡村振兴有效衔接的路径选择，具有极强的现实针对性。

乡村振兴促进法在产业促进方面的作用和意义也值得关注。乡村振兴促进法将强化各级政府根据实际情况，打破部门壁垒，整合资源要素，巩固脱贫攻坚成果，推动产业升级换代的紧迫性。乡村振兴促进法还将鼓励各级政府和基层群众，结合各地实际，发展乡村旅游、手工艺品加工、特色农业产业等，推动传统产业做大做强。乡村振兴促进法也将引导各级政府，积极引进社会资本，培植新型产业龙头，通过重点项目带动和品牌打造，实现产业转型升级。乡村振兴促进法将启发推进农文旅融合发展，发挥各类现代农文旅产业聚集效应，融合民宿旅游、花田、宿营基地、家庭牧场和采摘园等业态，推动农文旅一体化发展，推动乡村产业扩容增效。

全面推进乡村振兴，离不开人的素质支撑。只有坚持“两手抓”，乡村振兴才能有源源不断的强大精神动力保障。乡村振兴促进法彰显以人为本的发展理念，对于全面提升乡村振兴主体素质具有积极意义。乡村振兴促进法拓展了乡风文明建设的路径和渠道，有助于推动农村精神文明建设的创新发展，以创新性思维和行动加强农村精神文明建设，整合政府力量和公共资源以形成工作合力，构建新形势下农村精神文明建设的新格局，推动农村精神文明建设走新走实，为全面实现乡村振兴提供精神支撑。

统筹治理创建国家安全治理系统新格局

2021年4月15日法制网刊发系外交学院国际安全研究中心主任凌胜利的文章指出，国安才能国治，治国必先治安。习近平总书记指出，“要准确把握国家安全形势变化新特点新趋势，坚持总体国家安全观，走出一条中国特色国家安全道路。”“要构建集政治安全、国土安全、军事安全、经济安全、文化安全、社会安全、科技安全、信息安全、生态安全、资源安全、核安全等于一体的国家安全体系。”

国家安全，必须以安全治理作为基本路径来维护和保障。保证国家安全，是完善和发展中国特色社会主义制度，推进国家治理体系和治理能力现代化的有机组成部分。

在上述十一种安全中，信息安全是国家安全的重要组成部分。当今时代，随着信息化的不断发展，信息安全日益成为关乎个人、社会和国家的重要安全内容，加强信息安全防范的紧迫性日益凸显。顺应信息化时代的发展潮流，加强信息安全建设需要从长计议，构筑多层次防护治理体系，切实推进信息安全维护。

要加强个人信息安全防范意识。加强信息安全防护的第一道防线是提高个人的安全防范意识，在进行网络使用比如软件注册、网络消费等活动时提高警惕。对于个人关键敏感信息要高度注意，切不可随意泄露。对于试图收集个人诸多敏感信息的软件或消费要尽量规避，尽量不给不法商家可趁之机。即便是发生信息泄露，也要及时主动维权，避免信息泄露造成更大的损失。个人有必要加强自我信息安全防范，从源头上筑起信息安全的前沿防线。对此要加强教育宣传，使得广大人民群众增加对信息安全的了解，切实提高信息安全防范意识。

要加强信息安全相关立法。维护信息安全需要有法可依。由于信息技术的飞速发展，关于信息安全的相关立法工作已经受到国家重视。“十四五”

规划和2035年远景目标都明确提出，要加强信息安全保护，加快推进数据安全、个人信息保护等领域基础性立法。加强信息安全立法，关键在于落实，这需要增加信息安全相关法律的可操作性，为此要细化信息安全的保护内容和具体侵害类型，明确相应的法律惩戒条款，使得信息安全维护有法可依。特别是对于相关权责比较模糊的信息安全违法行为，要对其进行全过程追踪，对各个环节的法律责任明确到位。

要加强对信息安全违法行为的打击。加强信息安全维护有必要加强对违法行为的打击，增加违法者的代价，增加法律的震慑作用，切实发挥依法保障信息安全的作用。危害信息安全的事件会给人民群众生命财产带来极大损失，这就需要从源头加强对违法违规行为的整治，严厉打击违法违规行为。随着信息安全相关立法的不断完善，需要加大执法力度，让违法者付出应有的代价，也可以使得一些基于侥幸心理的信息安全违法行为大为减少。

要加强信息安全防护技术。鉴于信息安全极强的技术性，加强信息安全离不开信息安全防护技术。所谓魔高一尺、道高一丈。对于信息安全维护，必须要从技术上加强防范和破解。在数字化时代，维护信息安全的关键还是要加强信息安全防护技术。目前，已经有一些企业在信息安全防护方面行动起来，通过发挥企业的技术优势，在信息安全防护方面发挥了积极作用，有效地提升了信息安全。

总之，随着人类社会进入数字化时代，信息安全的重要性也显著提升。维护信息安全需要构建多层次的防护体系，积极发挥政府、企业、社会组织、个人的作用。因此，需要全社会积极行动起来！

坚持总体国家安全观，体现在治理实践上，走出一条中国特色国家安全道路，就是安全各领域、各要素、各层面统筹治理，创建当代中国国家安全治理系统格局。

让法治成为生活方式和共同信仰

2021年4月6日《法治日报》刊发评论员文章指出，近日，中共中央办公厅、国务院办公厅印发了《关于加强社会主义法治文化建设的意见》

（以下简称《意见》），要求把建设社会主义法治文化作为建设中国特色社会主义法治体系、建设社会主义法治国家的战略性、基础性工作和建设社会主义文化强国的重要内容。

文化是一个国家、一个民族的灵魂。法治文化是社会法律制度及其实践所具有的深沉文化内涵，是法治国家的精神构成要素。法治国家是制度、机制和文化的有机统一。人们的行为不仅受法律制度和经济利益的约束，还深受法治文化等精神世界的影响。全面依法治国要在完善法律制度、加强法律实施的同时，建设社会主义法治文化，使法治信仰、法治意识、法治观念、法治思维在全社会牢固树立起来。

党的十八大以来，以习近平同志为核心的党中央在全面推进依法治国的进程中，高度重视社会主义法治文化建设，作出许多重要论述，习近平法治思想为社会主义法治文化建设提供了根本遵循和行动指南。党的十九大报告要求“加大全民普法力度，建设社会主义法治文化”。“十四五”规划提出“加强社会主义法治文化建设，深入开展法治宣传教育，实施‘八五’普法规划”。制定出台《意见》正当其时、意义重大，是深入学习宣传贯彻习近平法治思想的重要举措，是全面推进依法治国和建设社会主义文化强国的必然要求，是深化新发展阶段全民普法的有效途径。

加强社会主义法治文化建设，要深入学习宣传贯彻习近平法治思想。习近平法治思想是马克思主义法治理论同中国实际相结合的最新成果，是引领法治中国建设在新时代实现更大发展的思想旗帜。习近平法治思想深刻总结我国古代法制成败得失，挖掘传承中华优秀传统法律文化，赋予中华法治文明新的时代内涵，使中华法治文明焕发出新的生命力。要牢固树立习近平法治思想在全面依法治国中的指导地位，确保社会主义法治文化建设的正确方向，坚定不移走中国特色社会主义法治道路。要把习近平法治思想学习宣传同普法工作结合起来，把习近平法治思想融入学校教育，加强对法治领域错误思想观点的辨析批驳，帮助干部群众明辨是非，坚定走中国特色社会主义法治道路的信心。要深入持久开展宪法宣传教育，在全社会牢固树立宪法法律至上、法律面前人人平等、权由法定、权依法使等基本法治观念，维护宪法权威，增进各族群众对伟大祖国、中华民族、中华文化、中国共产党、中国特色社会主义的认同。要完善中国特色社会主义法治理论，不断推进马克思主义法治理论中国化时代化大众化，完善中国特色社会主义法治理论的学术体系、理论体系、话语体系。

加强社会主义法治文化建设，要在法治实践中持续提升公民法治素养。要注重公民法治习惯的实践养成，促进人民群众广泛参与法治，用科学立法、严格执法、公正司法的实践教育人民，推动全民守法。要把社会主义核心价值观融入法律法规的立改废全过程，使法律法规、司法解释等更好体现国家价值目标、社会价值取向和公民价值准则。要加强全民普法力度，落实“谁执法谁普法”普法责任制，广泛开展民法典普法工作，强化依法治理，大力弘扬平等自愿、诚实信用等法治精神，教育引导公民正确行使权利、积极履行义务，引导全社会依法行动、依法办事。要深入开展党规党纪教育，教育引导广大党员做党章党规党纪和国家法律的自觉尊崇者、模范遵守者、坚定捍卫者。要完善社会矛盾纠纷多元预防调处化解综合机制，把法治文化建设纳入公民道德模范工程、社会信用体系建设中，引导人们理性平和协商解决矛盾纠纷。

加强社会主义法治文化建设，要创新法律文化、繁荣法治文艺、深化对外交流。要传承中华法系的优秀思想和理念，推动中华优秀传统法律文化创造性转化、创新性发展。要加强对我国法律文化历史遗迹的保护，对法律文化典籍、文物的保护和整理。要坚持以人民为中心的工作导向，繁荣发展社会主义法治文艺，加强社会主义法治文化阵地建设，推动法治文化数字化建设，加大法治文化惠民力度。要把建设社会主义法治文化作为提高国家文化软实力的重要途径，加强法治文化国际交流，对外阐释构建人类命运共同体的法治内涵和法治主张，把法治外宣作为国家传播能力建设的重要内容，不断提升社会主义法治文化影响力。

建设社会主义法治文化是系统工程，更是春风化雨、润物无声的长期工程。各地各部门要以习近平新时代中国特色社会主义思想为指导，增强

“四个意识”、坚定“四个自信”、做到“两个维护”，坚持继承发展、守正创新，持之以恒推进社会主义法治文化建设，推动全社会把法治作为一种生活方式，使法治精神内化于心、外化于行，让法治成为全体人民的共同信仰，切实提高全民族法治素养和道德素质，为全面依法治国提供坚强思想保证和强大精神动力，为全面建设社会主义现代化国家、实现中华民族伟大复兴的中国梦夯实法治基础。

合力打破城市治理中的信息壁垒

2021 年 5 月 26 日《法治日报》刊发深圳大学城市治理研究院执行院长陈文的文章指出，近年来，得益于人工智能、大数据和 5G 技术的快速发展，加之新型智慧城市建设上升为国家战略，我国智慧城市建设不断提速。德勤发布的《超级智能城市 2.0，人工智能引领新风向》显示，中国现如今已经成为全球智慧城市建设最为火热的国家。不过，从现实情况来看，信息壁垒正在成为智慧城市建设与治理过程中的顽疾和羁绊。

信息壁垒是指信息数据难共用、信息交换难共通、信息运用难共享、信息处理难协同的信息屏障和隔阂现象。当前，由于职能部门太过分散，纵向又采取层级式任务分派方式，导致信息系统建设各自为政、标准不一、重复交叉的问题比较突出；同时，一些部门出于对信息安全、公民隐私和规避责任的考虑，业务部门之间缺乏协同联动机制，暂时没建立起统一的信息交换和共享平台；此外，信息采集、分类、归档、处理标准欠缺，信息整合与共享处理机制不完善等，这些都是产生信息壁垒的现实因素。

打破信息壁垒，首先要强化部门协同，促进城市治理的信息整合与数据共享。一方面，加强各职能部门的对接，建立事件信息统一分拨平台，加强城市公共信息数据库建设。完善数据信息系统的建设和管理制度，以解决信息系统建设各自为政、重复交叉等问题为突破口，整合网络平台、统一登录入口、规范内部管理。另一方面，要加强城市治理数据信息的融合使用，打破部门界限、政务藩篱和信息孤岛。通过业务协同、流程优化、数据共享等形成工作合力，促进各部门、各层级、各业务信息系统互联互通。此外，要通过构建数据信息高度融合、深度交互的“城市大脑”中枢系统，提高城市治理精准感知、精准管控、精细服务的能力，切实消除部门推诿、条块分割、互不统属的治理困境，实现信息共享、数据互通、治理协同、服务优化。

其次，要完善标准体系，提升智慧城市建设的规范化程度。建立健全信息数据库的技术路径、协议模板、标准体系、制度规范等，完善信息数据的录入、编码、分类、处理、交换、共用、共享等标准，统一文字、表格、视频、图片的格式，从技术层面确保数据联通无障碍、信息共享无壁垒。制定和完善信息的安全标准体系，加强智慧城市建设信息化支撑的安全保障。合理规定信息共享和数据公开的权限、要求和标准，明晰各行业部门数据可否公开的范围和标准，在制度层面明确哪些数据应该公开、可以共享，哪些数据不应公开、不可共享。完善政务居务信息的发布标准，规范信息发布的主体责任、程序标准、时限要求和更新频率等，确保政务居务信息及时、准确、规范地发布和更新。

最后，要推进数据整合，提高现代城市的“智治”能力。按照“统一平台、系统整合、资源共享、业务协同”的要求，打造跨部门协同的信息共享平台，统筹整合智慧城市建设的各项具体工作，完善信息共融、共用、共享的制度和机制，促进部门间的业务协办、工作协同。依据建设要求相近、保密程度相似、数据内容相通等标准，规范多种平台信息互通管理，保障信息准确性和时效性，智能化分拨事项，智能化分析研判，提高社会治理智能化水平。推进综治信息系统与“织网工程”社区综合信息采集系统的数据连接，解决基层网格员在信息收集时的重复录入、程序繁杂等问题，提高系统的运行效率；以综治信息系统为基础，探索编织统一的城市社会治理信息网，破除信息系统“条块管理，条强块弱”的格局，减轻基层负担，提升服务效率，推进智慧治理。改变重建设轻使用、重采集轻处理的现象，以智能化应用为导向，深入开展数据挖掘和优化利用，对各部门的智慧化治理效能进行评估，并将其作为考核奖惩的重要依据，全面促进城市治理效能的提升。

约 稿 函

《信访与社会矛盾问题研究》是全国第一份从信访角度研究社会矛盾和社会问题的理论期刊，本刊的公开发行填补了相关领域的空白。本刊由北京市信访矛盾分析研究中心（该中心是全国信访系统成立的第一家致力于信访理论、社会矛盾和社会问题研究的专门机构）编撰，由北京大学国家治理研究院院长王浦劬教授、中国人民大学国家社会发展研究院常务副院长李路路教授、清华大学社会学系沈原教授、北京大学社会学系谢立中教授（按姓氏笔画排序）担任学术顾问，由社会学、法学、政治学和公共管理学等相关领域41位知名专家担任编委。本刊得到了国家信访局领导的大力支持和充分肯定，也赢得了理论学术界的普遍赞誉。

本刊主要栏目包括专家访谈（专家视点）、理论视野、信访观察、探索与思考、社会调查与案例分析等。

现特向您征集与信访、社会矛盾和社会问题研究等相关的稿件。

一、征稿要求

论文字数以10000字为限。

本刊不接受已经发表的论文和一稿多投的论文。依国际惯例，曾在国内外会议做主题发言的论文，视为未曾发表的论文，欢迎投稿。

欢迎相关领域的研究机构及时提供研究活动的消息动态，字数限制在500字以内。

本刊编辑部收到稿件后，恕不退稿，请作者自留备份。

二、论文体例

来稿应包括标题、摘要、关键词、正文、注释及参考文献等。

（一）封面（首页）：

封面需注明论文题目和所有作者的姓名、工作单位、职称、联系方式（包括移动电话和电子邮箱）。

（二）摘要和**关键词**：

1. 摘要 200—300 字，要体现出以下几点：

写作目的（必写）

研究设计 / 研究方法 / 路径（必写）

发现（必写）

研究的局限性 / 启示（可写）

应用性的启示（可写）

社会影响（可写）

独创性 / 价值（必写）

2. **关键词**：请在文题页上提供能够浓缩文章主要议题的 5 个关键词，我们将尽力在发表的文章中使用作者提交的关键词。但是，所有关键词须得到内部编辑组的批准。为保证一致性，它们有可能被替换为意思相同的其他术语。

（三）脚注 / 尾注：只在确实必要的地方使用脚注，文章中使用当前页起始编码。

（四）标题以及层级：标题必须简洁明了，并清楚标明层级结构。

（五）参考文献：

参考文献采用“作者—年份制”，具体要求如下：

行文中采取这种体系的标注格式为（作者，年份：页码），示例如下：（周雪光，2004：25）或者（Adams，2006）。其中页码部分视需要确定有无。注意，在行文中，中文作者使用的是全名，而英文作者使用的只是作者的姓，比如（马克思，1962），（Marx，1868）。引用同一作者同一年份的不同文章，可在年份后面加 a、b、c 来加以区别，比如（马克思，1956a）（马克思，1956b）。在同一处引用同一作者不同年份的多部作品，年份之间用逗号隔开，比如（韦伯，1949，1958）。引用多种文献时，不同文献之间用分号隔开，如（韦伯，1949；马克思，1956）。引用多个中文作者合作的作品时，中文作者名之间用顿号隔开，英文作者名之间用逗号隔开，比如（苏国勋、夏光、张旅平，2005）。采用这种方式时，作品的最后必须附有一个详细的按照首位作者的姓的首字母排序的参考文献。

例如：

专著：梁漱溟，2006，《乡村建设理论》，上海人民出版社。

（梁漱溟，2006）

Pollan，Michael. 2006. *The Omnivore's Dilemma: A Natural History of Four Meals*. New York: Penguin.

（Pollan，2006）

Ward，Geoffrey C，and Ken Burns. 2007. *The War: An Intimal History*，*1941–1945*. New York: Knopf.

（Ward and Burns，2007）

文集：高丙中，2000，《民间的仪式与国家的在场》，载郭于华主编《仪式与社会变迁》，社会科学文献出版社。

（高丙中，2000）

张静，2000，《“雷格瑞事件”引出的知识论问题》，《清华社会学评论》第 2 辑，鹭江出版社。

（张静，2000）

Kelly，John D. 2010. “Seeing Red: Mao Fetishism，Pax Americana，and the Moral Economy of War” In *Anthropology and Global Counterinsurgency*，edited by John D. Kelly，Beatrice Jauregui，Sean T. Mitchell，and Jeremy Walton，pp.67–83. Chicago: University of Chicago Press.

（Kelly，2010）

期刊：张其仔，1999，《社会网与基层经济生活》，《社会学研究》第 3 期。

（张其仔，1999）

Weinstein, Joshua I.2009. "The Market in Plato's Republic." *Classical Philology* 104:439–458.

(Weinstein, 2009)

会议论文：马勇，2012，《王爷纷争：观察义和团战争起源的一个视角》，"政治与精英与近代中国"国际学术研讨会会议论文，杭州。

三、投稿方式

来稿请以Word文档用电子邮件附件的方式发送至本刊邮箱xinfangyanjiu@126.com，并在邮件主题中注明"投稿"。收到稿件后，编辑部将提交编委会审阅，如通过审核，我们将第一时间回复用稿通知。

四、联系方式

联系人：李慧敏

电话：010-89151692

通信地址：北京市丰台区西三环南路1号，北京政务服务中心1452室

邮政编码：100161

因地址变更给您带来的不便敬请谅解，如有疑问，敬请致电。

《信访与社会矛盾问题研究》编辑部

全国信访系统第一份理论期刊
《信访与社会矛盾问题研究》
2021 年公开征订

《信访与社会矛盾问题研究》是全国第一份从信访角度研究社会矛盾和社会问题的理论期刊，由国家信访局信访理论研究（北京）基地、北京市信访矛盾分析研究中心编撰，由北京大学国家治理研究院院长王浦劬教授、中国人民大学国家社会发展研究院常务副院长李路路教授、清华大学社会学系沈原教授、北京大学社会学系谢立中教授（按姓氏笔画排序）担任学术顾问，由社会学、法学、政治学和公共管理学等相关领域 41 位知名专家担任编委。

本刊得到国家信访局、北京市委市政府领导的大力支持和充分肯定，也赢得了理论学术界的普遍赞誉。国家信访局充分肯定了本刊的价值和重要意义，强调本刊的创办和公开发行“使信访拥有一个崭新的话语平台”“使信访实务工作者与理论研究者的观点有机会碰撞、沟通和交融，成为新时期信访工作创新的前沿阵地”。原国务院参事朱维究教授，清华大学李强教授，中国社科院研究员、国内研究群体性事件社会学家单光鼐教授等知名专家学者分别在本刊发表文章，并对本刊表示肯定。

本刊为双月刊，主要栏目包括专家访谈（专家视点）、理论视野、信访观察、探索与思考、社会调查与案例分析等，力求突出创新性、前瞻性和问题导向性，通过研究信访领域反映出来的社会矛盾和社会问题，总结经验和规律，为信访工作提供参考。目前，本刊订阅单位已经覆盖全国 30 个省、区、市，成为新时期探索我国信访工作规律、创新信访工作理念的重要参考。

现面向广大读者公开征订 2021 年全年 6 辑期刊，每辑定价 50 元，全年定价300元（含邮资）。我们期待您的关注和支持。

北京市信访矛盾分析研究中心

2021年7月

订购回执

<table>
<tr><td>订购单位</td><td></td><td>邮政编码</td><td colspan="2"></td></tr>
<tr><td rowspan="2">详细地址</td><td rowspan="2"></td><td>联系人</td><td colspan="2"></td></tr>
<tr><td>电话</td><td colspan="2"></td></tr>
<tr><td colspan="2">刊名</td><td>定价</td><td>订数</td><td>金额小计</td></tr>
<tr><td colspan="2">信访与社会矛盾问题研究（2021）</td><td>300.00 元
（全 6 辑）</td><td></td><td></td></tr>
<tr><td>合计金额</td><td colspan="4">万　仟　佰　拾元</td></tr>
<tr><td colspan="5">备注：此款已通过□邮局□银行于　　年月日汇出
汇票号码为：　　是否开具正式发票：□是□否
发票抬头：　　发票项目：□图书□具体书名
纳税人识别号（选填）：　　发票类型：□电子发票（推荐）□纸质发票
电子发票邮寄邮箱：</td></tr>
</table>

订购须知：

请务必将订购回执传真给北京市信访矛盾分析研究中心，作为订刊凭证。

联系人：李慧敏　电话：010-89151692　传真：010-89151704

邮局订购：

汇款信息（请优先选择银行汇款，并注明“信访书款”）：

☆银行汇款：

收款人（户名）：中国民主法制出版社有限公司

开户行：中国工商银行股份有限公司北京玉林支行

账号：0200226019200047445

☆邮局汇款：

收款人（户名）：中国民主法制出版社有限公司

地址：北京市丰台区右安门外玉林里 7 号

邮政编码：100069